HIPPO (354-430 AD) ایس ٹی آگسٹائن آف

لکھا زندگی a بے چین دل کو a سے

زندہ خطوط - 40 دن عقیدت مند سلسلہ - 1

کی طرف سے

اوریلیئس آگسٹینس - سینٹ آگسٹین کی ہپپو زکریا گوڈ سیگل

ایمب ایم. اے اوگبے

سی. لاڈی اوگبے

میز کی مشمولات

کاپی رائٹ © صفحہ

S

HIPPO (354-430 AD) ٹی۔ آگسٹائن آف
لکھا زندگی a بے چین دل کو a سے
زندہ خطوط - 40 دن عقیدت مند سلسلہ | کتاب 1

مصنفین
اوریلیئس آگسٹینس)سینٹ آگسٹین کی ہپو (زکریا گوڈ سیگل
سفیر پیر اے اوگبے کمفرٹ لاڈی اوگبے

پبلشر
زکریا گوڈ سیگل اور گوڈ سیگل وزارتیں
https - شائع کردہ :**زکریا گوڈسیگل** رابطہ
://www.ota kad a.org
ambassador@otakada.org
;ٹیلی فون/ایس ایم ایس +13024922440
واٹس ایپ +2348032835348

ڈس کلیمر
عقیدت مند اور شاگردی وسائل جبکہ یہ ڈرا کرتا ہے تاریخی تحریروں a یہ کتاب ہے تنقیدی تعلیمی ایڈیشن یا a سے، بشمول سینٹ آگسٹین کے اعترافات ، اس کا مقصد نہیں ہے۔ متبادل کے لیے بنیادی مذہبی نصوص a

حیفہ حوالہ جات ہیں استعمال کیا جاتا ہے کے لیے عقیدت مند اور تدریسی مقاصد تشریحات
ر ایپلی کیشنز ہیں پیش کیا دعا کے ساتھ اور پادری طور پر

صحیفہ نوٹس

جب تک کہ دوسری صورت میں اشارہ نہ کیا گیا ہو، صحیفے کے اقتباسات عام استعمال
ے لیے گئے ہیں۔ انگریزی ترجمے زور ہے رہا شامل کیا میں مقامات کے لیے وضاحت
ر عقیدت مند توجہ مرکوز

پرنٹنگ کی معلومات

مطبوعہ میں دی متحدہ ریاستیں کی سب سے
پہلے امریکہ ایڈیشن

کتاب کے بارے میں - سینٹ آگسٹین آف ہپو)354-430 - (عیسوی

لکھا زندگی a بے چین دل کو a سے

W روح؟ a ٹوپی کرتا ہے یہ دیکھو پسند جب خدا انکار کرتا ہے کو ترک کرنا کی زندگی اس سوال کا جواب دیتی ہے۔ (430-354 AD) **ہپو کے آگسٹین** کے ساتھ غیر معمولی ایمانداری اور پائیدار طاقت

آگسٹین کی کہانی جاری ہے کو بولو اس پار صدیوں کیونکہ یہ عکاسی کرتا ہے ایک جدوجہد بہت سے مومنین اب بھی پہچان آج - ایک زندگی نشان زد کی طرف سے خواہش آرام کے بغیر، اطاعت کے بغیر علم، ہتھیار ڈالنے کے بغیر ایمان، اور فضل جو جانے سے انکار کرتا ہے۔ اس کا سفر انسانی دل کی اندرونی کشمکش کو بے نقاب کرتا ہے - بے لگام رحم کی خدا ڈبلیو ایچ او تعاقب کرتا ہے، سامنا کرنا، بحال کرتا ہے اور تبدیل کرتا ہے

عیسائی عقیدت مند سوانح a ہے (430-354 AD) **زندہ خطوط: سینٹ آگسٹین کی ہپو حیات** ڈیزائن کیا گیا کو شاگرد مومنین کے ذریعے رہتے تھے تجریدی نظریہ کے بجائے گواہی آگسٹین کے اعترافات سے ڈرائنگ اور لنگر انداز مضبوطی سے میں صحیفہ، یہ کتاب **زندہ** a پیش کرتا ہے آگسٹین کی زندگی نہیں کے طور پر دور کی تاریخ، لیکن کے طور پر **خط لکھا ہوا کی طرف سے خدا کے لیے دی چرچ آج**

ایک زبردست سوانحی بیانیہ اور احتیاط سے ترتیب دیے گئے 40 دن **کے عقیدتی سفر کے ذریعے** ، قارئین کو توبہ، شناخت، کے موضوعات کے ذریعے رہنمائی کی جاتی ہے۔ تاخیر اطاعت، تقسیم خواہش اندرونی تنازعہ، فضل، تقدس، برداشت، روحانی جنگ، پختگی، اور نظر آنے والا پھل دی سفر جان بوجھ کر آگسٹین کی تشکیل سے قاری کی تبدیلی کی طرف بڑھتا ہے۔ دی حتمی تحریک کی دی کتاب شفٹوں فیصلہ کن طور پر کی طرف دی قاری

لطیف، کہانی پر مبنی منظرناموں اور فرمانبرداری کے عملی کاموں کے ذریعے، قارئین مدعو کیا کو مجسم کیا وہ ہے سیکھا - جانچنا ان کا اپنے زندگی **زندہ** کے طور پر **خطوط کی مسیح** لکھا ہوا کی طرف سے دی روح کی دی زندہ خدا اور پڑھیں کی طرف سے دنیا ،

یہ کتاب **انفرادی عقیدت**، **گروہی مطالعہ**، **چرچ کی شاگردی**، **قیادت تشکیل**، **اور مشنز**
یمان a **تربیت** یہ ہے ڈیزائن کیا گیا نہ صرف کو مطلع کرنا لیکن کو فارم ۔ کال کرنا مومنین کو
نہ ہے دکھائی دینے والا، پڑھنے کے قابل، اور نتیجہ خیز
کہانی کے بارے میں آگسٹین a یہ ہے نہیں محض
کال کو بن **قابل تحریر میں دی ہاتھ کی خدا یہ کتاب** a یہ ہے

کس کے لیے ہے۔

یہ کتاب ہے کے لیے:

- عیسائیوں بھوکا کے لیے روحانی گہرائی اور فرمانبردار ایمان
- مومنین کشتی کے ساتھ تاخیر ہتھیار ڈالنا یا تقسیم خواہش
- چرچ رہنما شاگرد دوسرے میں حقیقی زندگی عیسائیت
- نیا مومنین تلاش کرنا مستند ماڈلز کی رہتے تھے ایمان
- قارئین ڈبلیو ایچ او چاہتے ہیں صحیفہ **لاگو** ، نہیں محض وضاحت کی

سچائی کو ذاتی بنانے کے لیے روح القدس پر بھروسہ کرتے ہوئے تمام مومنین کے لیے
لکھی گئی ہے۔ کے مطابق کو ہر ایک قاری کا سفر

وعدہ آف یہ بک The

یہ کتاب وعدے کو:

- بیدار کرو روحانی بھوک
- سامنا کرنا نیم دل اطاعت
- مضبوط کرنا ایمان کے ذریعے ایماندار گواہی
- گہرا کرنا محبت کے لیے صحیفہ
- زندگی کہ ریچھ نظر آنے والا پھل a حوصلہ افزائی کریں۔
- لیس کرنا قارئین کو زندہ کے طور پر سفیروں کی مسیح

یہ کرتا ہے **نہیں** وعدہ آرام بغیر تبدیلی
!یہ وعدے **تبدیلی کے ذریعے ہتھیار** ڈالنا السلام علیکم

خدا کی عقاب C. Ladi Ogbe زکریا گوڈسیگل؛ ایم او اوگبی؛
وزارتیں۔
https : //www.ot
akada.org
ambassador@otakada.org

لگن

T

اس کا کتاب ہے وقف کو ہر روح خدا انکار کر دیا کو ترک کرنا
کو وہ ڈبلیو ایچ او یقین کیا طویل پہلے وہ اطاعت کی کو وہ
ڈبلیو ایچ او پیار کیا خدا لیکن کشتی کے ساتھ ہتھیار ڈالنا کو وہ
ڈبلیو ایچ او جانتا تھا دی سچائی ابھی تک تاخیر سیدھ
کو وہ جس کا سفر ہے رہا سست، پیچیدہ، اور گہرائی سے مقابلہ کیا یہ کام ہے وقف کو
-مومنین ڈبلیو ایچ او ہیں اب بھی ہونا لکھا ہوا
جن کی زندگیاں ابھی تک صاف ستھرا نہیں ہیں، لیکن پھر بھی
حاصل شدہ ہیں۔ جس کا ایمان کامل نہیں بلکہ مستقل ہے۔
جس کی کہانی ختم نہیں ہوئی ہے، لیکن وفاداری کے ساتھ خدا کے سپرد
،کیا گیا ہے .اوپر تمام، یہ کتاب ہے وقف کو دی جلال کی خدا
ڈبلیو ایچ او تعاقب کرتا ہے دی آوارہ، سامنا کرتا ہے دی مزاحم،
ٹوٹے ہوئے کو بحال کرتا ہے، اور جو کام شروع کرتا ہے اسے مکمل
کرتا ہے۔
مسیح کی واضح گواہ بن جائے۔
سچا عکاسی کی فضل، اور ایک a
-زندہ خط
لکھا ہوا کی طرف سے دی روح کی دی زندہ خدا

اعترافات

T اس کا کام کھڑا ہے پر مقدس زمین شکل کی طرف سے صحیفہ، تاریخ، دعا، اور اطاعت.

سب سے پہلے اور ہمیشہ، تمام عزت اور شکر گزاری تعلق رکھتے ہیں کو خدا - دی صنف زندگی، سچائی اور تبدیلی کا۔ اس کی روح کے بغیر، کوئی وحی نہیں ہے؛ اس کے سل کے بغیر، کوئی توبہ نہیں؛ اس کے صبر کے بغیر، کوئی کام ختم نہیں ہوتا۔ یہ کتاب جود ہے کیونکہ خدا جاری ہے کو لکھنا پر انسان دل اور انکار کرتا ہے اپنے ہاتھوں کے م کو ترک کرنا۔

ہپو کے آگسٹین کے پائیدار گواہ کو تسلیم کرتے ہیں ، جس کی ایمانداری پہلے خدا ر دی چرچ جاری ہے کو ہدایت دینا مجرم، اور صدیوں کو شفا بعد میں اس کا رضامندی . اقرار کمزوری بلکہ سے کیوریٹ طاقت نے چرچ کو ایک ایسی گواہی دی ہے جو ہر نسل ں گہرائی سے متعلقہ رہتی ہے۔

اعترافات اور نسلوں کے تحفظ کے لیے شکر گزار ہیں۔ کی مومنین علماء کرام مترجم، ـری، اور اساتذہ ڈبلیو ایچ او حفاظت کی ہے دی صحیفے اور ایمانداری سے گزر گیا چے دی عیسائی گواہ ہم کھڑے ہو جاؤ نہیں کے طور پر موجد کی سچ، لیکن کے طور پر ۔دس وراثت a ذمہ دار کی

یہ کتاب ہے بھی شکل کی طرف سے دی غیب مزدوری کی دی چرچ - کی طرف سے ر پرست جو سکھایا اطاعت بلکہ سے تالیاں کی طرف سے رہنما ڈبلیو ایچ او ماڈلنگ سالمیت ے تحت دباؤ کی طرف سے کمیونٹیز کہ قابل قدر تشکیل ختم کارکردگی، اور کی طرف سے فاعت کرنے والے جس کا دعائیں ہیں جانا جاتا ہے صرف کو خدا

آخر میں، ہم تسلیم کرنا ہر قاری ڈبلیو ایچ او مرضی مشغول یہ صفحات نہیں مواد کے ل کو جواب دیں یہ کتاب ہے نامکمل آپ کے a طور پر کو استعمال کرنا لیکن کے طور پر یر اطاعت اس کا سچ پھل مرضی نہیں ہونا ماپا میں صفحات پڑھیں لیکن میں ہم آہنگ ندگی، عادات تبدیل اور مسیح بنایا نظر آنے والا کے ذریعے وفادار گواہ

مئی خدا وصول کریں دی جلال کے لیے کیا وہ اکیلے کر سکتے ہیں لکھنا

پیش لفظ

T وہ عیسائی ایمان ہے کبھی نہیں رہا برقرار کی طرف سے خیالات اکیلے
یہ ہے ہمیشہ رہا محفوظ کے ذریعے **زندگی**

قوم، a ابرہام سے لے کر شناسائی سے ہٹ کر موسیٰ تک وزن اٹھائے ہوئے ہے۔ کی کو پال مجسم کرنا دی انجیل وہ ایک بار مخالف خدا اس نے مستقل طور پر نہ صرف تحریری وحی کے ذریعے، بلکہ **مجسم** کے ذریعے خود کو ظاہر کرنے کا انتخاب کیا ہے۔ **فرمانبرداری** کلام سچائی کو ظاہر کرتا ہے۔ زندگی کا مظاہرہ یہ نظریہ ہدایت کرتا ہے گواہ قائل

ہر نسل میں، کلیسیا کو ایک ہی خاموش خطرے کا سامنا ہے :سچائی کے ساتھ اس معاہدے کو ماننا اس کے سامنے سر تسلیم خم کرنے کے مترادف ہے۔ ہم کلام، الٰہیات، اور مسیحی مواد تک بے مثال رسائی کے وقت میں رہتے ہیں۔ پھر بھی ہم ایسے وقت میں رہتے ہیں جہاں ظاہر پھل، روحانی برداشت، اور فرمانبردار ایمان تیزی سے نایاب ہوتے جا رہے ہیں۔ جدید چیلنج سچائی سے ناواقفیت نہیں بلکہ **تشکیل کے خلاف مزاحمت ہے** ۔

دی زندہ خطوط سیریز موجود ہے کیونکہ دی بائبل خود اصرار کرتا ہے کہ مومن ہیں نہیں محض قارئین کی صحیفہ، لیکن **اس کا تسلسل** — خطوط لکھا ہوا کے ساتھ نہیں سیاہی لیکن کے ساتھ دی روح کی دی زندہ خدا، جانا جاتا ہے اور پڑھیں کی طرف سے تمام لوگ عیسائیت کا مقصد کبھی بھی دور سے تعریف کرنا نہیں تھا۔ یہ دیکھنا تھا ، **تجربہ کیا، اور تشریح کی کے ذریعے زندگی**

ہپپو کا آگسٹین اس حقیقت کی سب سے واضح اور ایماندار مثالوں میں سے ایک ہے ۔ اس کی زندگی صاف یا لکیری نہیں تھی۔ یہ عوامی، متضاد، فکری تھا۔ شاندار، اخلاقی طور پر منقسم گہرائی سے گناہگار، حقیقی طور پر توبہ کرنے والا اور بالآخر ہتھیار ڈال دیے گواہی وہ **اعتراف کیا ایک** زندگی اس نے اپنی ناکامیوں کو نہیں a آگسٹین کیا نہیں کیوریٹ چھپایا۔ اُس نے اُنہیں خُدا کے سامنے رکھا تاکہ دوسروں کو شفا دی جائے، خبردار کیا جائے، اور تقویت ملے۔

یہ جلد ایک جان بوجھ کر زندہ خطوط - 40 دن کی عقیدتی سیریز کا آغاز کرتی ہے۔ یقین: شاگردی ہے تیز جب مومنین دیکھیں کس طرح سچ ہے رہتے تھے **کے تحت دباؤ ، ختم وقت ، کے ذریعے تاخیر ، میں ناکامی** ، اور **کی طرف سے فضل**

گسٹین کی کہانی ثابت کرتا ہے کہ تبدیلی ہے اکثر سست سے ہم توقع، ہماری ترجیح سے
یادہ گڑبڑ، اور محض یقین سے کہیں زیادہ مطالبہ — بلکہ اس سے کہیں زیادہ پائیدار

یہ کتاب ایک چرچ کے لیے لکھی گئی ہے جس کو نہ صرف یہ کہ وہ کیا مانتا ہے،
لکہ **اس کی زندگی کیسے گزارنی چاہیے**۔

ریڈر جائزہ لیں۔

دور مذہبی دیو ایک میں ساتھی حجاج جس a اس کا کتاب تبدیل کرتا ہے آگسٹین سے T ''
کا جدوجہد، تاخیر، اور ہتھیار ڈالنا محسوس حیرت انگیز طور پر
''جدید یہ ہے دونوں ہوشیار اور امید سے بھری ہوئی ہے۔

'' سیرت، صحیفہ، اور روحانی تشکیل کا ایک نایاب امتزاج۔ یہ عقیدت صرف دماغ کو ہی نہیں
''بتاتی ہے - یہ نرمی سے بلکہ دل پر مضبوطی سے دباتی ہے۔

'' زندگی خطوط دعوت دیتا ہے۔ دی قاری کو روکو مشاہدہ ایمان سے ایک فاصلہ رکھیں اور
''اسے بظاہر جینا شروع کریں۔ آگسٹین کی ایمانداری ذاتی کا دروازہ بن جاتی ہے ۔ توبہ اور تجدید۔

'' یہ کام ہمیں یاد دلاتا ہے کہ خدا کی عظیم ترین شہادتیں چمکدار نہیں ہیں۔ زندگی لیکن
''حاصل کیا والے آگسٹین کی کہانی ہے سنبھالا کے ساتھ تعظیم، گہرائی، اور پادری حکمت

'' برقرار فضل کے ساتھ ملنا — وہ a مزید کے مقابلے اے 40 دن عقیدت مند، یہ کتاب ہے
''قسم جو تعاقب کرتی ہے، انتظار کرتی ہے، مقابلہ کرتی ہے، اور بالآخر بدل جاتی ہے۔

تعارف

"Yo ہیں ہمارے خط، لکھا ہوا میں ہمارے دل، جانا جاتا ہے اور پڑھیں کی طرف سے تمام
"مرد۔

کرنتھیوں 2:3 2 -

خدا کبھی نہیں ارادہ کیا اس کا کلام کو باقی خلاصہ
وہ ارادہ کیا یہ کو بن گوشت دوبارہ - کے ذریعے اس کا لوگ

دی صحیفے تھے نہیں دیا محض کو مطلع کریں دی دماغ لیکن کو **فارم زندگی** سے دی شروع، خدا کا ڈیزائن ہے رہا کہ اس کا سچائی کرے گا ہونا انسانی فرمانبرداری کے ذریعے ظاہری طور پر لے جایا گیا - تاکہ دنیا نہ صرف سن سکے کہ کیا ہے - سچ، لیکن **دیکھیں کیا یہ پیدا کرتا ہے**

ہپپو کے آگسٹین کی زندگی اس ڈیزائن کو چونکا دینے والی وضاحت کے ساتھ ظاہر کرتی ہے۔ آگسٹین سچائی کو اس کی اطاعت کرنے سے بہت پہلے جانتا تھا۔ اُس نے خُدا سے محبت کی تھی اِس سے پہلے کہ اُس نے اُس کے سامنے مکمل طور پر ہتھیار ڈال دیئے۔ وہ مسیحی فرمانبرداری کے خلاف مزاحمت کرتے ہوئے مسیحی نظریے کو بیان کر سکتا تھا۔ اس کی کہانی ایک تناؤ کو بے نقاب کرتی ہے بہت سے مومنین خاموشی سے لے جانا آج: دی خلا کے درمیان کیا ہم اقرار اور کیا ہم مشق

a آدمی ڈبلیو ایچ او کمی علم یہ ہے کہانی کی a آگسٹین کی سفر ہے نہیں دی کہانی کی آدمی جس کا **مرضی پیچھے رہ گیا پیچھے اس کا عقیدہ** ، جس کا خواہشات مزاحمتی صف بندی، اور جس کا ہتھیار ڈالنا آیا صرف کے بعد طویل جدوجہد خدا اس تاخیر میں اسے نہیں چھوڑا۔ اس کے بجائے، اس نے عزائم کے ذریعے آگسٹین کا تعاقب کیا، عقل، کامیابی، ناکامی، خواہش شرم اور مزاحمت - جب تک مسیح تھا - نہیں محض یقین کیا، لیکن **تشکیل دیا کے اندر**

یہ کتاب آپ کو آگسٹین کی زندگی میں ایک تماشائی کے طور پر نہیں بلکہ ایک شریک کے طور پر مدعو کرتی ہے۔ یہ آپ سے اس کی تبدیلی کی تعریف کرنے یا محفوظ فاصلے سے اس کی الہیات کا تجزیہ کرنے کو نہیں کہتا ہے۔ یہ آپ کو اپنی تاخیر کا جائزہ لینے کے لیے مدعو کرتا ہے۔ پیار کرتا ہے نجی سمجھوتہ اور پیٹرن کی مزاحمت میں دی روشنی کلام پاک اور زندہ گواہ۔

جیسے جیسے عقیدت سامنے آتی ہے، توجہ آہستہ آہستہ منتقل ہوتی جاتی ہے۔ آگسٹین

کی زندگی ایک آئینہ بن جاتی ہے، اور آخر کار آئینہ مکمل طور پر قاری کی طرف مڑ جاتا ہے۔ دی حتمی تحریک کی یہ سفر ہے جان بوجھ کر عملی اور

تلاش کرنا ــــ پیش کرنا جدید منظرنامے خاموش اعمال کی اطاعت، اور لمحات کی
فیصلہ کہاں عقیدہ ضروری ہے بن نظر آنے والا
آپ ہیں نہیں پڑھنا تاریخ اکیلے
آپ پڑھ رہے ہیں کہ خُدا ایسی زندگی کے ساتھ کیا کر سکتا ہے جو آخر کار
a حاصل کرتی ہے۔ اور کی طرف سے دی اختتام آپ ہیں نہیں طویل صرف
قاری
آپ ہیں دی خط ہونا لکھا ہوا

استعمال کریں۔ یہ بک TO کیسے
کے لیے افراد اور گروپس

اے این انفرادی AS استعمال کرنا یہ بک .

1 یہ عقیدت مند ہے نہیں ڈیزائن کیا گیا کے لیے رفتار، حجم، یا معلومات جمع کرنا .یا
تشکیل کے لیے ڈیزائن کیا گیا ہے .

A. روزانہ تال)15-30 منٹ(

ہر ایک دن ہے ساختہ کو ہونا رہتے تھے نہیں جلدی
:تجویز کردہ بہاؤ

1. **پڑھیں آہستہ آہستہ**
   کرو نہیں سکم پڑھیں کے طور پر اگرچہ دی متن ہے پڑھنا آپ
2. **داخل کریں۔ دی منظر نامہ**
   کرو نہیں تجزیہ یہ
   تصور کریں۔ اپنے آپ کو میں یہ چلو یہ سطح ایماندار رد عمل
3. **بیٹھو کے ساتھ دی سوال**
   دی سوالات ہیں نہیں مطلب کو ہونا جواب دیا جلدی سے کچھ کا
   مقصد سارا دن لیٹنا ہوتا ہے۔
4. **مشق کریں۔ دی ایکشن**
   چھوٹا عمل کی اطاعت a ہر ایک دن شامل ہیں
   کرو یہ خاموشی سے کرو نہیں اعلان یہ چلو یہ شکل آپ
5. **دعا کریں۔ بس**
   دی دعائیں ہیں جان بوجھ کر سادہ
   استعمال کریں۔ انہیں کے طور پر لکھا ہوا یا دو انہیں کھلا آپ کا اپنے الفاظ

B. کرنسی کے لیے انفرادی استعمال کریں۔

- **پڑھیں ایک دن فی دن صرف**
- اجتناب کریں۔ کودنا آگے، یہاں تک کہ اگر دی اگلا دن محسوس کرتا ہے دلکش

- کرو نہیں دیکھو کے لیے جذباتی تجربات - دیکھو کے لیے سیدھ
- جرنل صرف کیا ہے ضروری اطاعت معاملات مزید سے بصیرت

یہ کتاب کام کرتا ہے بہترین جب پڑھیں **کے ساتھ تحمل**

C. جب کو توقف

دن بے نقاب کرتا ہے مزاحمت، یقین، یا تھکاوٹ a اگر:

- ٹھہرو کے ساتھ کہ دن کے لیے ایک اضافی 24-48 گھنٹے
- مشق کریں۔ دی کارروائی دوبارہ
- کرو نہیں جلدی تبدیلی

روحانی تشکیل ہے نہیں لکیری

2. استعمال کرنا یہ بک میں اے گروپ سیٹنگ

یہ کتاب ہے جان بوجھ کر لکھا ہوا کو فنکشن میں **چھوٹا گروپس، شاگردی کے حلقے، قیادت کے گروہ، اور وزارت کی ٹیمیں** ۔

A. مثالی گروپ سائز

- **لوگ** ہے بہترین 4-8
- کم سے 4 حدود گواہ
- مزید سے 10 حدود ایمانداری

کلاس روم a **تشکیل خلا** ، نہیں a یہ ہے

B. ہفتہ وار گروپ تال)تجویز کردہ(

ہفتہ وار رفتار تجویز کردہ ساخت a بلکہ سے ملاقات روزانہ، گروپس چاہئے منتقل پر:

- عقیدت مند دن انفرادی طور پر)دن 1-5(5
- گروپ ملاقات کو عمل 1
- آرام یا پکڑنا دن 1

یہ اجازت دیتا ہے اطاعت کو ہونا مشق نجی طور پر اور عملدرآمد کارپوریٹ طور پر

C. گروپ ملاقات ساخت)60-90 منٹ(

1. کھلنا خاموشی)5 منٹ (کوئی اپ ڈیٹ

نہیں .کوئی بحث نہیں۔ بس کمرے کو

خاموش کرو۔

2. مشترکہ مظاہر)30 منٹ(
:ہر ایک شخص جوابات صرف

- کیا مزاحمت کی میں یہ ہفتہ؟
- کیا کیا خدا سطح؟

نہیں فکسنگ نہیں تعلیم
3. صحیفہ اور سمجھداری)20 منٹ(
پڑھیں دی کلید صحیفے بلند آواز سے آہستہ
:آہستہ پوچھیں

- کیا پھل ہے تشکیل؟
- کیا سیدھ ہے خدا پوچھ رہا ہے کے لیے

4. دعا اور اعلامیہ)15 منٹ(
دعا کریں۔ کے لیے اطاعت، نہیں آرام بولو دی
اعلانات ایک ساتھ
D. گروپ قواعد)بہت اہم(
:کے لیے یہ کتاب کو کام میں گروپس دی مندرجہ ذیل ضروری ہے ہونا اتفاق کیا پر

- نہیں درست کرنا ایک ایک اور
- نہیں تعلیم جب تک مدعو کیا جائے
- نہیں مشورہ جب تک درخواست کی
- نہیں اشتراک باہر دی گروپ
- نہیں روحانی موازنہ

بحث فورم a **محفوظ تشکیل ماحول** ، نہیں a یہ ہے
3. استعمال کرنا یہ بک کے لیے قیادت اور شاگردی
:یہ عقیدت مند ہے خاص طور پر مؤثر کے لیے

- چرچ قیادت ٹیمیں
- وزارت انٹرنز
- ابھرتی ہوئی رہنما
- بالغ مومنین داخل ہونا نیا ذمہ داری

A. قیادت زور

:قائدین چاہئے ادائیگی خصوصی توجہ کو

- دن پر اتھارٹی، خاموشی برداشت، اور کارکردگی
- منظرنامے کہ بے نقاب لہجہ کنٹرول اور مرئیت
- اعمال کہ ضرورت ہے تحمل بلکہ سے پہل

یہ کتاب شکلیں **کردار پہلے صلاحیت**

B. سہولت کار کردار

:اگر آپ ہیں معروف دوسرے کے ذریعے یہ کتاب

- کرو نہیں غلبہ بحث
- ماڈل کمزوری بغیر اوور شیئرنگ
- اجازت دیں۔ خاموشی
- حفاظت کرنا دی رفتار

آپ کا کردار ہے **سرپرست کی دی ماحول** ، نہیں دی ماہر

4. کیا یہ بک آئی ایس - اور آئی ایس نہیں

:یہ کتاب ہے

- اے تشکیل سفر
- اے شاگردی ٹول
- اے آئینہ کے لیے اطاعت
- اے کمیشننگ وسائل

:یہ کتاب ہے نہیں

- اے الہیات درسی کتاب
- اے حوصلہ افزائی عقیدت مند
- اے جلدی سے پڑھنا پروگرام
- اے شخصیت پر مبنی مطالعہ

یہ ہے ڈیزائن کیا گیا کو **چھوڑ دو نشانات** ، نہیں نقوش

5. قارئین TO اے فائنل لفظ

چاہے آپ چلنا کے ذریعے یہ کتاب اکیلے یا کے ساتھ دوسرے، ذمہ داری ایک :ہی ہے

آپ ہیں نہیں پوچھا کو تعریف کرنا سچائی

آپ ہیں پوچھا کو بن پڑھنے کے قابل پڑھیں
آہستہ آہستہ
اطاعت کرو
خاموشی سے
جیو واضح
طور پر
دی دنیا ہے پڑھنا

HIPPO (354-430 AD) ایس ٹی آگسٹائن آف
اے زندگی خدا انکار کر دیا۔ کو چھوڑو اکیلا ۔

آف ایس ٹی آگسٹین کی ہپو تھا **اوریلیئس آگسٹینس**)لاطینی میں (یا NAME مکمل The
اوریلیئس آگسٹین وہ ہے مشہور طور پر جانا جاتا ہے کے طور پر آگسٹین کی ہپپو)لاطینی:
ہونا خدمت کی کے طور پر دی بشپ کی 396 سے (Hipponensis اوریلیئس آگسٹینس
-Hippo Regius عیسوی تک شمالی افریقہ میں 430

- **پیدائش نام:** اوریلیئس آگسٹینس۔
- **اہمیت:** چرچ کا ایک لاطینی باپ، فلسفی، اور کیتھولک چرچ کا ڈاکٹر۔
- **سیاق و سباق:** وہ ہے تسلیم کیا کے لیے اس کا شراکتیں کو مغربی عیسائیت اور فلسفہ، کے ساتھ مشہور کام کرتا ہے بشمول اعترافات اور خدا کا شہر ۔

باب ایک

ایک بے چین بچہ، دعا کرنے والی ماں، اور ایک خدا جس نے دیکھا

H .کرے گا بعد میں بن ایک کی دی زیادہ تر بااثر عیسائیوں ڈبلیو ایچ او کبھی زندہ رہا
لیکن پر دی شروع، **کچھ نہیں کے بارے میں آگسٹین تجویز کیا ہتھیار** ڈالنا وہ شائستہ
ہونے سے پہلے شاندار تھا۔
متجسس اس سے پہلے کہ وہ فرمانبردار ہو۔
بے چین طویل پہلے وہ تھا چھڑا لیا
قصبے میں 354ء میں پیدا ہوا۔ تھگسٹ، میں کیا ہے اب جدید دور الجزائر۔ وہ داخل ہوا دی دنیا ایک سنت کے طور پر نہیں ، بلکہ ایک تضاد کے طور پر — ایک ایسے گھر میں ماں ڈبلیو ایچ او دعا کی بے a پرورش پاتا ہے جو عقیدے سے منقسم ہے، جس کی تشکیل باپ ڈبلیو ایچ او تقدس سے زیادہ عزائم کی تعریف کی۔ a دریغ، اور متاثر کی طرف سے
سے اس کا سب سے جلد دن آگسٹین کی دل جھکا ہوا کی طرف مزید کی خواہش :بچہ کچھ اور تھا موجودہ a خوشی، مزید علم، مزید پہچان، مزید آزادی پھر بھی کے طور پر گہرا بے نام عدم اطمینان جو ہر جگہ اس کا پیچھا کرتا تھا۔ a
وہ بعد میں اقرار کرے گا کہ اس کا مسئلہ خدا سے ناواقفیت نہیں تھا لیکن

غلط سمت محبت

بچہ سیکھیں کیا کو محبت a لیکن کس طرح کرتا ہے
اور ڈبلیو ایچ او ہے تشکیل ہمارے خواہشات پہلے ہم ہیں یہاں تک کہ آگاہ کی انہیں؟ یہ سوالات کرے گا اڈا آگسٹین کی زندگی

اے گھر تقسیم شدہ

مونیکا کی نگرانی میں پلا بڑھا عیسائی عورت جس کا ایمان تھا نہیں خاموش، شائستہ، یا نجی اس نے دعا کی۔ کے ساتھ آنسو وہ یقین کیا کے ساتھ استقامت وہ قابل اعتماد خدا کے لیے اس کا بیٹا بھی جب اس کا انتخاب لگ رہا تھا کو متضاد ہر امید وہ منعقد

اس کے والد، پیٹریسیئس، ایک کافر تھے - مہتواکانکشی، سماجی طور پر کارفرما، اور کہیں زیادہ فکر مند کے ساتھ آگسٹین کی مستقبل کامیابی سے اس کا مستقبل روح وہ آگسٹین کی ذہانت کا جشن منایا اور معاشرے میں اس کے عروج کا خواب دیکھا، پھر بھی بہت کم تشویش ظاہر کی۔ کے لیے دی تشکیل کی اس کا کردار

دو آوازیں شکل دی نوجوان آگسٹین:

- ایک کال کرنا اسے اوپر کی طرف میں ایمان
- دی دوسرے دھکیلنا اسے ظاہری کی طرف کامیابی

ان کے درمیان ایک لڑکا کھڑا تھا جو ابتدائی طور پر سیکھ رہا تھا کہ **ذہانت حکمت سے زیادہ تیزی سے آگے بڑھ سکتی ہے** ، اور یہ کہ خدا کے لیے محبت اللہ کی اطاعت کے بغیر موجود رہ سکتی ہے - خدا

مستقبل؟ a جو آواز کرو ہم سنو کو جب دونوں وعدہ

دل LOOSE اے تیز دماغ اور اے

آگسٹین نے اسکول میں شاندار کارکردگی کا مظاہرہ کیا۔ الفاظ اس کے پاس آسانی سے آتے تھے۔ بچہ وہ دریافت کیا کہ a دلائل سنسنی خیز اسے تعریف کھلایا اسے یہاں تک کہ کے طور پر عقل تعریف حاصل کر سکتا ہے - اور تعریف خالی پن کو چھپا سکتی ہے۔

بڑھتی ہوئی بھوک کے لیے لذت a پھر بھی ساتھ ساتھ اس کا تعلیمی کامیابی بھاگ گیا آگسٹین نے ابتدائی طور پر سیکھا کہ وہ جو چاہتا ہے اسے کیسے لینا ہے کیونکہ وہ چاہتا تھا - اس کے ابتدائی اعترافات میں سے ایک - چونکا دینے والی ایمانداری سے - جہالت کے بارے میں نہیں تھا، بلکہ اپنی خاطر غلط کاموں سے لطف اندوز ہونے کے بارے میں تھا۔

اس نے ایک بار پھل چرایا - اس لیے نہیں کہ وہ بھوکا تھا، بلکہ اس لیے کہ یہ حرام تھا۔

کیوں کرتا ہے دی انسان دل خواہش کیا یہ جانتا ہے ہے غلط کیوں کرتا ہے خوشی اکثر محسوس مزید قائل کرنے والا سے سچ یہ پرانے سوالات نہیں ہیں۔
وہ ہیں انسان والے

پیش کریں۔ لیکن ناخوشگوار WAS اے خدا ڈبلیو ایچ او

آگسٹائن کو عیسائیت کے ابتدائی دور میں بے نقاب کیا گیا تھا۔ وہ نام جانتا تھا۔ کی مسیح وہ قابل احترام صحیفہ۔ وہ یہاں تک کہ تعریف کی عیسائی اخلاقیات سے ایک فاصلہ لیکن تعریف کیا نہیں ترجمہ میں ہتھیار ڈالنا

وہ سچائی چاہتا تھا — لیکن اختیار نہیں۔ وہ
چاہتا تھا مطلب - لیکن نہیں تحمل وہ خدا کو چاہتا
تھا - لیکن ابھی تک نہیں۔
تو خدا انتظار کیا
یا بلکہ - خدا دیکھا

بڑھتی ہوئی بے چینی کہ نہیں کامیابی خاموش کر سکتا a مریض خدا، اور a ،دعا تھی۔ ماں تھا .

سوالات وہ مرضی نہیں جاؤ دور

جیسے جیسے آگسٹائن کی زندگی سامنے آئی، کچھ سوالات نے اس کی پیروی کرنا شروع کر دی - ایسے سوالات جو اس کے سفر کی تشکیل کریں گے اور آخر کار چرچ کی تشکیل کریں گے:

- کیوں کرو ہم جانتے ہیں کیا ہے صحیح ابھی تک منتخب کریں کیا ہے غلط
- کر سکتے ہیں۔ ایمان موجود بغیر اطاعت؟
- ہے خواہش دی دشمن یا ہے یہ بس غلط سمت
- کیوں کرتا ہے خدا اجازت دیں تاخیر میں تبدیلی؟
- رکاوٹ کو ہتھیار ڈالنا a کر سکتے ہیں۔ عقل بن
- کرتا ہے۔ خدا تعاقب ہم یہاں تک کہ جب ہم مزاحمت اسے؟
- کیا ہوتا ہے جب سچائی سامنا کرتا ہے خوشی؟

یہ سوالات مرضی نہیں ہونا جواب دیا تمام پر ایک بار

انہیں **روز بروز جواب دیا جائے گا** ، آگسٹین کی ناکامیوں، اس کے اعترافات کے ذریعے، اس کا موڑنا پوائنٹس اور اس کا حتمی ہتھیار ڈالنا — اس پار دی اس کے بعد 40 دن کا سفر۔

اے زندگی انڈر مشاہدہ

اے ٹی یہ اسٹیج آف اس کی زندگی، آگسٹین کیا نہیں غور کریں خود کھو دیا لیکن جنت تھا پہلے ہی نشان زد اسے

وہ کرے گا بعد میں لکھنا کہ خدا تھا قریب کو اسے سے وہ تھا اپنے آپ کو - حاضر یہاں تک کہ جب نظر انداز، وفادار یہاں تک کہ جب مزاحمت کی.

آگسٹین کی کہانی تبدیلی سے شروع نہیں ہوتی۔ یہ **تعاقب سے شروع ہوتا ہے** -

اور کہ تعاقب ہے پہلے ہی شروع کر دیا

لے جانا آگے TO سوالات

:کرو نہیں جواب یہ ابھی تک چلو انہیں دیر کرنا

- کیا آوازیں شکل آپ کا سب سے جلد خواہشات
- جہاں کیا ذہانت یا ہنر عذر نافرمانی؟
- کیا ہے خدا رہا مریض کے ساتھ میں آپ کا زندگی؟
- ہے آپ کا دل بے چین - اور اگر تو، کیوں

یہ سوالات مرضی ملنا ان کا جوابات کے طور پر دی سفر کھولتا ہے

باب دو

کامیابی کا لالچ اور خواہش کی تعلیم

A ugustine **نجات پسند محسوس کر سکتے ہیں کامیابی** کہ جلد سیکھا
جیسا کہ وہ بڑھا، اس کا پرتیبھا بن گیا ناقابل تردید اساتذہ تعریف کی اسے ساتھیوں
نے اس پر رشک کیا۔ اس کے سامنے مواقع کھل گئے۔ ایسی دنیا میں جہاں ترقی ہو۔ انحصار
.پر بیان بازی اور قائل کرنا آگسٹین کی تحفہ کے ساتھ الفاظ نے اسے الگ کر دیا

:اور کے ساتھ ہر کامیابی آیا کمک
آپ ہیں غیر معمولی آپ ہیں مقدر کے لیے مزید
لیکن مزید کی کیا
وہ سوال تھا کبھی نہیں پوچھا اونچی آواز میں - کیونکہ کامیابی کرتا ہے نہیں پوچھ گچھ کی دعوت دیں .یہ رفتار کا بدلہ دیتا ہے۔

اے متبادل کے لیے کال کرنا AS ایمبیشن

آگسٹائن کی تعلیم نے اسے اپنے آبائی شہر سے دور بڑے شہروں، وسیع تر مراحل اور بلند آواز میں تالیاں بجائیں۔ اس نے بیان بازی میں مہارت حاصل کی، فن قائل کرنا دی دستکاری کی ظاہر ہونا عقلمند وہ سیکھا کس طرح کو منتقل ہجوم کس طرح جیت دلائل، کس طرح کو آواز قائل کرنے والا—یہاں تک کہ جب سچائی تھا غیر یقینی

اس نے جو نہیں سیکھا وہ یہ تھا کہ خواہش پر حکومت
کیسے کی جائے۔ دنیا نے اس کی صلاحیتوں کا صلہ دیا۔
اس کے دل نے اس کے جذبوں کا صلہ
.دیا۔ اور خدا - اب بھی صبر - دیکھ رہا تھا
تحفہ کو پیشگی تیز تر سے کردار کر a ہے یہ ممکن کے لیے
پناہ سے یقین؟ a سکتے ہیں۔ کامیابی بن
آگسٹین کرے گا بعد میں جواب یہ سوالات دردناک طور پر

خاموش تشکیل آف اے تقسیم شدہ روح The

ن سالوں کے دوران، آگسٹین کی زندگی حصوں میں بٹ گئی۔ عوامی طور پر، وہ تھا نظم و ضبط تعریف کی، اور امید افزا نجی طور پر، وہ ملوث خواہشات جو ہر اس چیز سے متصادم ے جس کا اس نے قدر کرنے کا دعویٰ کیا تھا۔

وہ کیا نہیں دیکھیں یہ کے طور پر
منافقت اس نے اسے **نارمل دیکھا** ۔

بہر حال، بہت سے لوگوں نے اس طرح زندگی گزاری — دن کو کامیاب، رات کو خوش۔ کیا اہم، وہ یقین کیا، تھا حتمی ارادہ ایک دن وہ بدل جائے گا. ایک دن وہ کرے گا ہونا بہتر ایک دن وہ کرے گا جمع کروائیں مکمل طور پر کو خدا

بس نہیں ابھی تک
کیوں کرتا ہے "بعد میں" محسوس تو معقول جب اطاعت محسوس کرتا ہے
مہنگا؟ کیوں کرو ہم فرض کریں وقت مرضی بنانا ہتھیار ڈالنا آسان؟
آگسٹین کی تاخیر تھا نہیں بغاوت - یہ تھا مذاکرات

اے ایمان وہ کر سکتے ہیں انتظار کرو

آگسٹائن یقین کیا میں خدا
اس نے مسیح کا احترام کیا۔
وہ تعریف کی صحیفہ۔
لیکن عقیدہ بغیر اطاعت تخلیق کرتا ہے ایک وہم کی حفاظت

وہ بعد میں اقرار کرے گا کہ وہ پاکیزگی سے زیادہ خوفزدہ تھا جتنا کہ وہ گناہ سے ڈرتا تھا — نہیں۔ کیونکہ وہ شک کیا خدا کا نیکی لیکن کیونکہ وہ شک کیا اس کا تبدیل کرنے کی اپنی خواہش.

وہ دعا کی - لیکن احتیاط سے اس
نے سنا — لیکن چن چن کر۔
اس نے فرمانبرداری کو موخر کر دیا — اس یقین کے ساتھ کہ وہ اب
بھی قابو میں تھا۔ پھر بھی کنٹرول ہمیشہ عارضی ہوتا ہے۔

خواہش وہ بن گیا۔ اے ماسٹر The

جیسے جیسے آگسٹائن کی زندگی ترقی کرتی گئی، اسی طرح اس کی خوشنودی بھی۔ خواہش، ایک بار تفریح کے بعد، مطالبہ میں اضافہ ہوا .جو انتخاب کے طور پر شروع ہوا وہ آہستہ آہستہ عادت بن گیا۔ آزادی سختی سے انحصار میں بدلنے کے ساتھ شروع ہوئی۔

وہ پیار کیا گہرائی سے - لیکن نہیں
سمجھداری سے اس نے عہد کیا - لیکن

مکمل طور پر نہیں۔
وہ آرزو مند کے لیے قربت ۔ لیکن مزاحمت کی احتساب

خواہش نے اطمینان کا وعدہ کیا۔ اس
کے بجائے، یہ سخت اس کا گرفت
لذت کب ہماری خدمت کرنا چھوڑ کر ہم پر حکومت کرنے لگتی
ہے؟ ہم پیار کو نشے سے کیسے الگ کر سکتے ہیں؟
یہ تھے سوالات آگسٹین کر سکتے ہیں نہیں ابھی تک چہرہ

ے ماں ڈبلیو ایچ او کرے گا نہیں سٹاپ دعا کرنا

جبکہ، مونیکا دعا کی The تمام
اس نے مایوسی کے عالم میں دعا کی۔ وہ دعا
کی کے ذریعے شرمندگی
وہ دعا کی کے ذریعے عوامی کامیابی اور نجی ناکامی
اس نے اپنے بیٹے کو رتبہ میں اضافہ اور کردار میں گرتے دیکھا اور اس نے یہ ماننے
سے انکار کر دیا کہ خدا ابھی بھی لکھ رہا ہے۔
کسی ایسے شخص کی شفاعت کرنے کا کیا مطلب ہے جو بظاہر کامیاب نظر آتا ہے لیکن روحانی
طور پر ہے۔ بہتی
جب کوئی تبدیلی نظر نہیں آتی تو نماز کیسے کام کرتی ہے؟
مونیکا کو جوابات معلوم نہیں تھے۔
وہ قابل اعتماد دی مصنف

ے زندگی منتقل آگے — اور اندرونی طور پر رک جانا

ظاہری طور پر، آگسٹائن تھا پیش قدمی
باطن میں، وہ تھا پھنس گیا
اس کا دماغ دوڑ آگے کی اس کا دل اس کا شہرت آگے بڑھ گیا اس کا اطاعت
س کا مستقبل دیکھا روشن ۔ ابھی تک اس کا روح محسوس کیا تیزی سے مدھم
اور کامیابی کے شور کے نیچے بے چینی لوٹ آئی۔ نہیں زور سے
مستقل طور پر۔
:اے سوال شروع ہوا کو سطح ۔ خاموش لیکن بے لگام
ہے یہ تمام وہاں ہے

آگے کا سفر The سوالات وہ مرضی شکل

:جواب یہ TO کرو نہیں رش

- کر سکتے ہیں۔ خواہش ایک ساتھ رہنا کے ساتھ ہتھیار ڈالنا
- پر کیا نقطہ کرتا ہے تاخیر بن نافرمانی؟
- جب دل سے سمجھوتہ کیا جاتا ہے تو خدا کامیابی کو کیوں جاری رہنے دیتا ہے؟
- ہے خواہش برائی یا بس غیر نظم و ضبط؟
- کیسے طویل مرضی خدا انتظار کرو پہلے وہ مداخلت کرتا ہے؟

یہ سوالات مرضی پیروی کریں آگسٹین - اور وہ مرضی پیروی کریں ہم میں اگلا ابواب

یا آئی ایس آرہا ہے۔ اگلا

آگسٹائن آئی ایس کے بارے میں کو ملاقات

- اے عقیدہ نظام کہ محسوس کرتا ہے فکری طور پر اعلی
- اے فلسفہ کہ وعدے وضاحت بغیر توبہ
- اے ورژن کی ایمان کہ ہٹاتا ہے دی بے آرامی کی اطاعت

اور وہ مرضی گلے لگانا یہ
نہیں کیونکہ یہ ہے سچ - لیکن کیونکہ یہ ہے آسان

ے جانا آگے TO سوالات

- جہاں ہے کامیابی سست آپ کا احساس کی عجلت کی طرف خدا؟
- کیا اطاعت ہے آپ ملتوی کیونکہ "بعد میں" محفوظ محسوس ہوتا ہے ؟
- ڈبلیو ایچ او ہے دعا کے لیے آپ - اور ہیں آپ سن رہے ہیں؟

کہانی جاری ہے۔ The

باب تین

اے مذہب وہ چاپلوسی دماغ اور دل سے معافی مانگی۔

A ugustine کیا نہیں ترک کرنا خدا

وہ نئی تعریف وہ

ایک ایسے موقع پر جب خواہش پوری نہیں ہوئی تھی اور خوشی پوری نہیں ہوئی تھی، آگسٹین ایک ایسے اعتقاد کے نظام کی طرف متوجہ ہوا جس نے دل کی گہرائیوں سے دلکش چیز کا وعدہ کیا تھا: سچائی بغیر تبدیلی

یہ کیا نہیں مطالبہ توبہ اس نے

خواہش کا مقابلہ نہیں کیا۔

یہ کیا نہیں کال کے لیے ہتھیار ڈالنا

یہ ذہین لگ رہا تھا۔

یہ محسوس کیا معقول

اور یہ اجازت دی اسے کو باقی میں کنٹرول تو

آگسٹین نے اسے گلے لگا لیا۔

جب یقین بن جاتا ہے۔ اے چھپا رہا ہے۔ جگہ

AUGUSTINE کے اختیار کردہ نظام نے برائی کے مسئلے کی وضاحت کرنے کا دعویٰ کیا راستہ کہ راحت ملی ذاتی ذمہ داری غلط تھا نہیں طویل کچھ توبہ کرنے کے لیے — یہ a - کچھ سمجھانے کے لیے تھا۔ ناکامی اب اخلاقی نہیں رہی - یہ مابعدالطبیعاتی تھی۔

اس فریم ورک میں، آگسٹین اب بھی روشنی اور تاریکی، سچائی کے بارے میں بات کر سکتا ہے۔ اور غلطی، اچھا اور برائی - بغیر سامنا کرنا اس کا اپنے مرضی

اس نے اسے زبان دی کہ بغیر رب کے۔

اطاعت کے بغیر بصیرت۔

مذہب بغیر توبہ

کیوں ہیں عقیدہ نظام زیادہ تر پرکشش جب وہ حفاظت ہم سے تبدیلی؟

ہم کتنی بار ان خیالات کی طرف متوجہ ہوتے ہیں جو ہماری عادات کو اچھوتا چھوڑ دیتے ہیں؟
آگسٹین نے سکون محسوس کیا۔
لیکن ریلیف ہے نہیں دی ایک ہی کے طور پر آزادی

نشور برتری بغیر اندرونی سکون

ک وقت کے لیے، آگسٹائن نے مطمئن محسوس کیا۔ اسے یقین تھا کہ اس نے اپنے بچپن
ے سادہ ایمان سے بہتر کچھ پایا ہے - کچھ زیادہ بہتر، زیادہ عقلی، زیادہ ترقی یافتہ۔
وہ بحث کی اعتماد سے اس
نے دوسروں کو سکھایا۔
وہ محسوس کیا روشن خیال
پھر بھی باطنی طور پر دی بے چینی برقرار
دی عقائد وہ گلے لگا لیا کر سکتے ہیں جواب سوالات کے بارے میں دی کائنات، لیکن
اس کے اندر کی آواز کو خاموش نہ کر سکے۔ وہ برائی کی وضاحت کر سکتے تھے،
کن وہ کر سکتے تھے۔ نہیں شفا خواہش وہ کر سکتے ہیں بیان کریں سچ، لیکن وہ کر
سکتے ہیں نہیں تبدیلی پیدا کریں
سمجھ ہمیشہ کیوں نہیں بدلتی؟ وضاحت قید کے ساتھ
کیوں رہ سکتی ہے؟
آگسٹین شروع ہوا کو احساس دی تضاد - لیکن مزاحمت کی نام دینا یہ

گت آف اے ایمان وہ ڈیمانڈز کچھ نہیں The

ور وقت، دراڑیں نمودار ہوا۔
دی رہنما آگسٹین تعریف کی کر سکتے ہیں نہیں جواب دی گہرا سوالات اس نے پوچھا .
نچ پڑتال کے تحت ان کا اعتماد کمزور پڑ گیا۔ ان کی وضاحتیں متاثر کن لگ رہی تھیں۔
کن منہدم جب دبایا
سب سے زیادہ پریشان کن، وہ نظام جس نے آزادی کا وعدہ کیا تھا، اسے نہیں بنایا تھا۔
ت
اس کا عادات رہ گیا
اس کا اندرونی تنازعہ رہ گیا اس
کی تقسیم باقی رہے گی۔
:اور آہستہ آہستہ آگسٹین احساس ہوا کچھ پریشان کن
ایک اعتقادی نظام جو کبھی خواہش کو چیلنج نہیں کرتا آخرکار اس کی حفاظت
پناہ کے لیے نافرمانی؟ a کرے گا۔ ہے یہ ممکن کے لیے مذہب کو بن

راستہ کی گریز خدا بلکہ سے سامنا اسے؟ a کر سکتے ہیں۔ ایمان بن

اے ماں کی ایمان اور اے بیٹے کی مزاحمت

بھر میں یہ سال، مونیکا دیکھا
وہ کیا نہیں بحث اس کا بیٹے کی فلسفہ وہ دعا کی
وہ رویا ختم اس کا تکبر اسے خدا
کے وقت پر بھروسہ تھا۔
وہ تھا خبردار کیا کی طرف سے چرچ رہنما نہیں کو بحث کے ساتھ اسے لیکن کو اجازت دیں خدا کام کرنے کے لئے .اور اس لیے وہ انتظار کرتی رہی — غمزدہ، امید، یقین کرتے ہوئے کہ خدا جس نے نشان لگایا تھا۔ اس کا بیٹا کرے گا نہیں ترک کرنا اسے کو آدھا سچ
کیا کرتا ہے ایمان دیکھو پسند جب جوابات ہیں تاخیر؟ کیسے
کرتا ہے شفاعت برقرار جب تبدیلی ہے سست مونیکا کو یقین تھا
کہ اگسٹائن ابھی تک قبول نہیں کر سکتا تھا :خدا کو راستے سے
خطرہ نہیں تھا۔

ہستہ انٹیگریشن آف غلط تصدیق The

قین نظام آگسٹین قابل اعتماد شروع ہوا کو کھولنا بصیرت کے وعدے اب The ،بالآخر
طمئن نہیں ہیں۔ جن رہنماؤں کی اس نے تعریف کی وہ مایوس ہوئے۔ اسے دی وضاحتیں
کہ ایک بار متاثر اسے محسوس کیا پتلا

اور سب سے بری بات - خالی پن لوٹ آیا۔ نہیں
ڈرامائی طور پر
مستقل طور پر۔
آگسٹین نے اپنی پناہ گاہ کو بڑھا دیا تھا۔
سچائی اپنے اندر بند ہونے لگی تھی۔

چلنا TO سوالات وہ شروع

کرو نہیں جواب یہ ابھی تک

- آپ نے کن عقائد کو قبول کیا ہے کیونکہ انہوں نے تھوڑی سی تبدیلی کا مطالبہ کیا تھا؟
- جہاں ہے علم تبدیل کر دیا گیا اطاعت؟
- ہے آپ کبھی استعمال کیا جاتا ہے الہیات کو جواز پیش کرنا تاخیر؟
- کیا ہوتا ہے جب دی نظام ہم اعتماد شروع کو ناکام

یہ سوالات مرضی نہیں چھوڑ دو آگسٹین اکیلے
تصادم وہ نہیں کر سکتے بچنا a وہ مرضی ڈرائیو اسے کی طرف

کیا آئی ایس آرہا ہے۔ اگلا

آگسٹائن آئی ایس کے بارے میں کو ملاقات

- اے فارم کی عیسائیت کہ مشغول دی دماغ بغیر معافی دل
- اساتذہ ڈبلیو ایچ او یکجا عاجزی کے ساتھ ذہانت
- اے سچائی کہ نہیں طویل اجازت دیتا ہے اسے کو چھپائیں پیچھے دلائل

اور جب سچائی بن جاتا ہے ناگزیر، کچھ ضروری ہے دینا

لے جانا آگے TO سوالات

- ہے آپ کا ایمان سامنا کرنا آپ - یا تسلی بخش آپ
- کیا کرے گا اطاعت لاگت آپ صحیح اب؟
- اگر خدا پوچھا کے لیے سب کچھ کرے گا آپ تاخیر - یا پیداوار؟

سفر جاری ہے- The

باب چار

جب حق قریب آتا ہے اور مرضی مزاحمت کرتی ہے۔

By دی وقت آگسٹین پہنچ گئے یہ موسم کی اس کا زندگی، **لاعلمی تھا اب کوئی آپشن نہیں ہے** ۔

دی عقیدہ نظام کہ ایک بار ڈھال اسے تھا منہدم دی انہیں اعتماد پیشکش کی تھا مٹ گیا
ی وضاحتیں کہ ایک بار متاثر اسے اب کھوکھلا محسوس ہوا .جو بچا تھا وہ ایک بے نقاب
دمی تھا — ذہین، قابل، قابل احترام، اور باطنی طور پر متصادم۔
.سچائی تھا نہیں زیادہ دور
جواب اور اس قربت a یہ تھا **قریب کافی کو مطالبہ**
نے اسے بے چین کردیا۔

جب بہانے کھونا ان کا پاور

گسٹائن ہمیشہ یہ مانتا تھا کہ مزاحمت غیر یقینی صورتحال سے آتی ہے۔ اگر سچائی کافی
اضح ہو گئی تو اس نے فرض کیا کہ اطاعت فطری طور پر ہو گی۔
لیکن اب وضاحت تھا پہنچے — اور اطاعت تھا نہیں
وہ سمجھ گیا عیسائیت بہتر سے کبھی پہلے وہ کر سکتے ہیں واضح کرنا اس کے دعوے۔
ہ کر سکتے ہیں دفاع اس کا ہم آہنگی وہ کر سکتے ہیں یہاں تک کہ تعریف کرنا اس کا
خوبصورتی
پھر بھی تعریف نے ہتھیار نہیں ڈالے۔ کیوں کرتا ہے
سمجھ ناکام کو منتقل دی کرے گا؟
سچائی جب قائل ہو جاتی ہے تو خوفناک کیوں ہو جاتی ہے؟ آگسٹین کچھ
:تکلیف دہ چیز دریافت کر رہا تھا
دی رکاوٹ تھا نہیں دی دماغ ۔ یہ تھا دی دل

ایمرجینس آف اے تقسیم شدہ مرضی The

آگسٹائن کے اندر، دو خواہشات کھل کر لڑ رہی تھیں۔ ایک مطلوبہ خدا
پاکیزگی، مکملیت، آرام سچائی دوسرا مطلوبہ کنٹرول — -
خوشی، واقفیت، تاخیر۔ وہ چاہتا تھا آزادی، لیکن نہیں پر دی لاگت
کی تبدیلی
وہ امن چاہتا تھا، لیکن نظم و ضبط کی قیمت پر نہیں۔ وہ خدا
کو چاہتا تھا، لیکن ابھی تک مکمل طور پر نہیں تھا۔
یہ تقسیم ختم اسے
وہ بعد میں بیان کیا یہ کے طور پر ہونا کھینچا میں مخالف ہدایات کی طرف سے دو وصیتیں - ایک بڑھتی ہوئی کی طرف خدا، دی دوسرے چمٹا ہوا کو عادت
روح کیوں مزاحمت کرتی ہے جسے وہ جانتا ہے کہ اسے شفا
ملے گی؟ قید کبھی کبھی آزادی سے زیادہ محفوظ کیوں محسوس
ہوتی ہے؟

اے ایمان وہ ابھی محسوس کیا ناگزیر

عیسائیت اب بچپن کی یاد یا اخلاقی آپشن نہیں رہی تھی۔ یہ آگسٹین کے سامنے حقیقت کے ایک مکمل وژن کے طور پر کھڑا تھا — جس نے نہ صرف دنیا بلکہ اس کے اندرونی تنازعات کی وضاحت کی۔
اس نے گناہ کا نام دیا— جہالت کے طور پر نہیں، بلکہ بے ترتیب
محبت کے طور پر۔ یہ نامزد فضل - نہیں کے طور پر معلومات،
لیکن کے طور پر طاقت
یہ نامزد ہتھیار ڈالنا - نہیں کے طور پر نقصان لیکن کے
طور پر زندگی اور یہی مسئلہ تھا۔
عیسائیت کیا نہیں اجازت دیں آگسٹین کو باقی تقسیم اس نے اس
سے سب کا مطالبہ کیا۔

دعا وہ انکشاف ہوا سب کچھ The

اپنی زندگی کے سب سے ایماندار لمحات میں سے ایک میں، آگسٹین نے ایک دعا مانگی جس نے اس کے اندر کے تناؤ کو بے نقاب کیا۔
اس نے خدا سے پاکیزگی مانگی۔
وہ پوچھا خدا کے لیے تقدس
اس نے خدا سے تبدیلی کی درخواست کی۔

پھر اس نے ایک شرط ڈال دی۔
نہیں ابھی تک
یہ تھا نہیں طنز

یہ تھا خوف
وہ یقین کیا خدا کر سکتے ہیں تبدیلی اسے
وہ تھا نہیں یقینی طور پر وہ چاہتا تھا کو ہونا تبدیل
کیسے بہت سے دعائیں آواز مقدس لیکن چھپائیں ہچکچاہٹ؟
کیسے اکثر کرو ہم پوچھنا خدا کو عمل - آہستہ، محفوظ طریقے سے
:بعد میں؟ آگسٹین کی دعا انکشاف کیا تاخیر واقعی ہے
نہیں الجھاؤ، لیکن ہچکچاہٹ

خدا کا حکمت عملی: دباؤ بغیر فورس

خدا ڈی آئی ڈی نہیں اوور رائڈ آگسٹین کی مرضی
اس کے بجائے، اس نے اندرونی کشمکش کو تیز
کر دیا۔ دی بے چینی بڑھا تیز
دی خوشیاں سست
دی خلفشار کمزور
خدا ہٹا دیا دی آرام سے تاخیر بغیر ہٹانا آگسٹین کی آزادی۔
خدا فوری نجات کے بجائے تناؤ کی اجازت کیوں دیتا ہے؟ اگر بدامنی اس
کی رحمت کا حصہ ہے تو کیا ہوگا؟
آگسٹین تھا ہونا کونے میں - نہیں کی طرف سے دھمکی، لیکن کی طرف سے سچائی

اے زندگی بغیر چھپا رہا ہے۔ جگہیں

سب سے پہلے وقت، آگسٹین احساس ہوا وہ تھا کہیں نہیں چھوڑ دیا کو پیچھے ہٹنا The کے لیے
فلسفہ تھا ناکام اسے
مذہب بغیر توبہ تھا مایوس اسے کامیابی نے اسے مطمئن نہیں
کیا تھا۔
تاخیر تھا نہیں محفوظ اسے
:سوال وہ کر سکتے ہیں نہیں طویل اجتناب a تمام کہ رہ گیا تھا
مرضی آپ
پیداوار؟
نہیں آخر کار
نہیں کسی دن
.اب
اور آگسٹین کانپ گیا

سوالات وہ ضروری ہے۔ بی ای لے جایا گیا۔ آگے

:کرو نہیں حل کریں۔ یہ ابھی تک

- کیا سچائیاں ہیں آپ قائل کی لیکن اب بھی مزاحمت؟
- جہاں ہے وضاحت اضافہ ہوا لیکن ہمت نہیں پیروی کی؟
- کیا کرے گا مکمل اطاعت لاگت آپ
- ہیں آپ تاخیر کیونکہ آپ شک خدا - یا کیونکہ آپ تبدیلی کا خوف ؟

یہ سوالات مرضی نہیں چھوڑ دو آگسٹین اکیلے
لمحہ کہ مرضی توڑنا دی تعطل a وہ ہیں ڈرائیونگ اسے کی طرف

کیا آئی ایس آرہا ہے۔ اگلا

بحران - نہیں کی عقیدہ لیکن کی مرضی a آگسٹائن آئی ایس قریب آ رہا ہے۔
جلد:

- دی اندرونی جنگ مرضی پہنچنا اس کا چوٹی
- خدا مرضی رکاوٹ اس کا مزاحمت
- صحیفہ مرضی سامنا کرنا اسے براہ راست
- اے آواز مرضی کال اسے کو منتخب کریں

دی اگلا باب مرضی نشان **دی گرنا کی تاخیر**

باب پانچ

لیں اور پڑھیں :جب مزاحمت ختم ہو گئی۔

A

تھا پہنچ گئے دی اختتام کی تاخیر ugustine

نہیں کیونکہ اس کا سوالات تھے جواب دیا، لیکن

کیونکہ اس کا بہانے تھے ختم

اس کے اندر کی لڑائی ناقابل برداشت ہو چکی تھی۔ سچ ایک طرف سے دبایا گیا۔ عادت دوسرے سے کھینچ لی۔ جاننے کے بوجھ تلے اس کی مرضی ٹوٹ گئی۔ کیا کو کرو اور ہونا قابل نہیں کو کرو یہ

وہ کیا نہیں محسوس بہادر

اسے **بے نقاب محسوس**

ہوا ۔

روح The جنگ اندر The

آگسٹائن ایک باغ کی طرف پیچھے ہٹ گئی — سکون سے دعا کرنے کے لیے نہیں، بلکہ خود سے پُرتشدد کشتی لڑنے کے لیے۔ اس کے جذبات میں اضافہ ہوا۔ اس کی سوچوں میں تیزی آگئی۔ اس کا دل پھٹ گیا ۔

وہ خدا کو چاہتا تھا۔ وہ

چاہتا تھا تبدیلی

وہ چاہتا تھا آزادی لیکن اسے

نقصان کا اندیشہ تھا۔

وہ رویا - ابھی توبہ کے آنسو نہیں، بلکہ تھکن کے آنسو ہیں۔ تناؤ کی تقسیم تھا پہنچ گئے اس کا حد وہ کر سکتے ہیں نہیں طویل دکھاوا کہ تاخیر تھی حکمت وہ کر سکتے ہیں نہیں طویل دکھاوا کہ مزاحمت تھا حفاظت

زندگی کی طرح محسوس کرنے سے پہلے ہتھیار ڈالنا موت کی طرح

کیوں محسوس ہوتا ہے؟ کیوں کرتا ہے اطاعت خوفزدہ ہم جب یہ وعدے

مندمل ہونا؟

آگسٹین پکارا باہر - نہیں کے ساتھ پالش دعا، لیکن کے ساتھ خام مایوسی

لمحہ خدا رکاوٹ The

درمیان آف اس کی افراتفری، کچھ غیر متوقع ہوا The میں
آواز نہیں گرج a آگسٹین سنا
نہیں نظریہ
نہیں دلیل
:بچہ - کال کرنا باہر بار بار a اے سادہ آواز جیسی کہ کی
"لے لو اور پڑھیں لے لو اور پڑھیں۔"
پر سب سے پہلے وہ منجمد
وہ کر سکتے ہیں نہیں یاد کرنا کوئی بھی بچے کھیلنا قریبی دی آواز کیا نہیں خود کی وضاحت .اس میں بحث نہیں ہوئی۔ یہ قائل نہیں ہوا۔
.یہ حکم دیا
خدا بعض اوقات بغیر وضاحت کے کیوں بولتا ہے؟ کیا ہوتا ہے
جب سچائی مزید مذاکرات نہیں کرتی؟
آگسٹین روک دیا رونا وہ کھڑا ہوا وہ چلا گیا کو کہاں دی صحیفے تھے۔ رکھا

جب صحیفہ بن جاتا ہے۔ اے فیصلہ

کتاب - نہیں بے ترتیب طور پر، لیکن فوری طور پر The وہ کھول دیا
اس کا آنکھیں گر گیا پر الفاظ کہ محسوس کیا کم پسند ہدایت اور مزید فیصلے کی طرح - .مذمت نہیں، لیکن وضاحت
دی گزرنا بولا براہ راست کو اس کا حالت۔ یہ نامزد اس کا جدوجہد یہ بے نقاب ہو گیا۔ اس کا تاخیر یہ سامنا کرنا پڑا اس کا عادات یہ پیشکش کی نہیں سمجھوتہ
اور میں کہ لمحہ، کچھ اندر اسے ٹوٹ گیا نہیں آہستہ آہستہ
نہیں شائستگی
سے مکمل طور
پر۔
تقسیم شدہ منہدم ہو جائیں گے۔ مزاحمت نے اپنی گرفت کھو دی۔ طویل جنگ ختم ہوئی اس لیے نہیں کہ آخر کار آگسٹین مضبوط ہو گیا، بلکہ اس لیے کہ **فضل پر غالب آ گیا۔** —— **اس کا کمزوری**
کیا ہوتا ہے جب خدا کا کلام اطلاع دینا بند کر دیتا ہے اور تبدیل ہونا شروع کر دیتا ہے؟
کیوں کرتا ہے صحیفہ ہڑتال سب سے گہرا جب دی دل ہے تیار کو پیداوار؟

"آف "نہیں ابھی تک The END

گسٹائن ڈی آئی ڈی نہیں محسوس کریں۔ آتش بازی

وہ محسوس کیا رہائی

دی تناؤ کہ تھا اذیت دی اسے تحلیل دی زنجیریں وہ خوفزدہ کو کھو گر گیا .جس رمانبرداری سے وہ خوفزدہ تھا ممکن ہوا — کوشش کے ذریعے نہیں، بلکہ ذریعے ہتھیار ڈالنا

وہ کیا نہیں بحث مزید وہ کیا نہیں

تاخیر مزید

وہ کیا نہیں گفت و شنید مزید وہ حاصل

کیا

اور نتیجہ اخذ کرتے ہوئے، اس نے وہی پایا جس کا وہ مسلسل پیچھا کر رہا

تھا :آرام کریں۔

سائی HAS جب گریس آخر میں

گسٹائن نے بعد میں اس لمحے کو نقصان کے طور پر نہیں بلکہ روشنی کے طور پر بیان سیاہ کمرہ - نہیں آہستہ آہستہ، لیکن فوری a کیا۔ یہ تھا کے طور پر اگرچہ روشنی سیلاب طور پر

اس کا خواہشات دوبارہ

ترتیب دیا .اس کی مرضی

کے مطابق۔

اس کا دل آرام کیا

فضل نے اسے صرف معاف نہیں کیا۔ اس

نے اسے **آزاد کر دیا ۔**

فضل کی طرح محسوس کرنے سے پہلے ہی کیوں ہتھیار ڈالنے کی

ضرورت ہے؟ خدا کیوں انتظار کرتا ہے جب تک کہ مرضی نہیں

نکلتی؟

یہ جوابات کرے گا کھولنا میں آگسٹین کی زندگی - لیکن دی فیصلہ تھا حتمی

موڑنا پوائنٹ The سوالات وہ نشان

ایس آئی ٹی کے ساتھ یہ:

- کیا ہے خدا پوچھ رہا ہے آپ کو روکو تاخیر؟
- کیا "نہیں ابھی تک" ہے بن نافرمانی؟
- کیا کرے گا گرنا میں آپ کا زندگی اگر آپ حاصل کیا مکمل طور پر؟
- ہیں آپ آمادہ کو اطاعت بغیر سمجھ سب کچھ؟

آگسٹین کیا نہیں سمجھنا سب کچھ وہ اطاعت کی

کیا آئی ایس آرہا ہے۔ اگلا

نہیں دی اختتام کی آگسٹین کی سفر WAS تبدیلی
یہ تھا دی آغاز میں سے:

- ترک کرنا
- عوامی اطاعت
- مہنگا عاجزی
- زندگی بھر تشکیل

دی اگلا باب مرضی دکھائیں ہم کیا ہوتا ہے **کے بعد ہتھیار ڈالنا** ، جب فضل شروع ہوتا ہے کو زندگی میں عوامی دیکھیں a نئی شکل دینا

باب چھ

دفن کیا گیا اور اٹھایا گیا :بحران کے بعد اطاعت

S

حوالے کرنا ختم دی جنگ
لیکن یہ شروع ہوا دی کام

اگسٹن اگلی صبح ایک مکمل آدمی کے طور پر نہیں جاگا۔ گریس نے دوبارہ ترتیب دی تھی۔ اس کا دل لیکن اس کا زندگی اب بھی ضرورت ہے کو ہونا تنظیم نو دی زنجیریں گر گیا تھا، ابھی تک دی عادات تھا کو ہونا غیر سیکھا ہوا دی مرضی تھا حاصل کیا، لیکن اب فرمانبرداری میں رہنا تھا۔

دشاتمک تبدیلی a تبدیلی تھا نہیں ایک جذباتی چوٹی - یہ تھا

طوفان The خاموش کے بعد The

باغ میں بحران کے بعد، آگسٹین کو کچھ ناآشنا تجربہ ہوا: خاموشی نہیں خالی پن، لیکن امن نہیں الجھاؤ، لیکن وضاحت آواز کہ تھا ایک بار دلیل دی کے اندر اسے نہیں طویل مقابلہ کیا

یہ پرسکون تھا نہیں نازک لنگر
انداز تھا۔
پھر بھی امن کیا نہیں مٹانا ذمہ داری
خدا تفویض سے پہلے یقین کیوں دیتا ہے؟ دوبارہ ترتیب دینے
سے پہلے آرام کیوں آتا ہے؟
آگسٹین جلد ہی دریافت کر لے گا کہ فضل تبدیلی میں
جلدی نہیں -کرتا یہ **اسے جڑ دیتا ہے** -

ترک کرنا پہلے ساکھ

ایک آف آگسٹائنز پہلے اعمال کی اطاعت تھا نہیں عوامی تبلیغ، لیکن نجی ترک۔ اس نے ان عزائم سے ہٹ کر قدم رکھا جن کی کبھی تعریف کی گئی تھی۔ اسے وہ ڈھیلا اس کا گرفت پر تعلقات کہ کر سکتے ہیں نہیں ایک ساتھ رہنا اپنی نئی وفاداری کے ساتھ۔

یہ چھوٹے فیصلے نہیں تھے۔ وہ مہنگے، ناقابل واپسی، اور غلط فہمی والے تھے۔
وہ کیا نہیں جواز پیش کرنا خود
وہ کیا نہیں وضاحت کریں خود وہ
اطاعت کی
جب کوئی تالیاں نہیں بجاتا تو اطاعت کیسی ہوتی ہے؟ کیسے کرو
ہم دو جاؤ کی مستقبل ہم ایک بار منصوبہ بندی کی؟
آگسٹین منتخب کیا وفاداری ختم واقفیت

دفن اور اٹھایا گیا

بپتسمہ پیروی کی گئی — نہیں۔ کے طور پر رسم، لیکن کے طور پر اعلان یہ نشان زد عوام نیا ایک a تدفین کی دی پرانا زندگی اور دی ظہور کی

آگسٹین کیا نہیں علاج بپتسمہ کے طور پر علامت اکیلے وہ سمجھ گیا یہ شرکت کے طور پر— مسیح کے ساتھ موت، مسیح میں زندگی، اور مسیح کے سامنے جوابدہی۔
وہ تھا نہیں طویل اس کا اپنے
کیوں کرتا ہے اطاعت اکثر ضرورت ہے عوامی گواہ
کیا ہوتا ہے جب ایمان چالیں سے نجی یقین کو مرئی عزم؟
آگسٹین کے بپتسمہ نے اس کی تبدیلی کو مکمل نہیں کیا۔ یہ **بے نقاب**
یہ کو دی دنیا

اے نیا رشتہ داری کے ساتھ خواہش

گریس نے آگسٹین کی خواہش کی صلاحیت کو ختم نہیں کیا تھا۔ اس نے ری ڈائریکٹ کیا تھا۔ یہ

جہاں کبھی خواہش نے اس پر حکمرانی کی تھی، اب اس نے ایک اعلیٰ محبت کی خدمت کی۔ جہاں ایک بار خوشی کا غلبہ ہوا، مقصد ابھرا۔ جہاں ایک بار عادت پر قابو پایا، نظم و ضبط قائم ہونے لگا۔

یہ فوری کمال نہیں تھا۔ یہ پیار کو
دوبارہ ترتیب دیا گیا تھا۔
کیوں کرتا ہے خدا تبدیل خواہش بلکہ سے تباہ یہ؟
محبت کی صحیح ترتیب ہے ؟
یہ سوالات کرے گا وضاحت کریں آگسٹین کی الہیات - اور اس کا زندگی

اطاعت بغیر اے روڈ میپ

آگسٹائن ڈی آئی ڈی نہیں ابھی تک جانتے ہیں کیا اس کا مستقبل منعقد وہ کیا نہیں جانتے ہیں کہ وہ ایک بشپ، ایک ماہر الہیات، نسلوں کے لیے استاد بن جائے گا۔ وہ صرف اتنا جانتا تھا کہ وہ خدا کا ہے۔

اور کہ تھا کافی
کیوں کرتا ہے خدا ظاہر کرنا سمت صرف کے بعد ہتھیار ڈالنا
وضاحت کیوں اکثر اطاعت کی بجائے اس کی پیروی کرتی ہے؟ آگسٹین نے
سیکھا جو تمام شاگردوں کو سیکھنا چاہیے:
اطاعت آتا ہے سب سے پہلے سمجھ پیروی کرتا ہے

سفر آگے The سوالات کے لیے

:کرو نہیں رش یہ

- کیا ہے فضل آزاد آپ سے کہ اب بھی کی ضرورت ہے نظم و ضبط؟
- کیا عزائم ضروری ہے ہونا ترک کر دیا کو پیروی کریں مسیح مکمل طور پر؟
- جہاں ہے خدا کال کرنا کے لیے عوامی اطاعت؟
- ہیں آپ آمادہ کو اطاعت بغیر جاننا دی نتیجہ؟

یہ سوالات مرضی دوبارہ سرفہرست بھر میں دی 40 دن سفر

کیا آئی ایس آرہا ہے۔ اگلا

آگسٹائن کی زندگی نجی تشکیل سے عوامی ذمہ داری کی طرف جانے والی ہے ۔
:دی اگلا باب مرضی ظاہر کرنا

- اے کال آگسٹین کیا نہیں تلاش کریں
- اتھارٹی وہ کیا نہیں خواہش
- اے کردار کہ مطلوبہ عاجزی، نہیں خواہش

نوکر کی a مومن، لیکن کے طور پر a فضل مرضی اب شکل اسے نہیں صرف کے طور پر **دوسرے**

باب سات

بغیر پوچھے بلایا :جب خدا رکاوٹیں ہمارا منصوبے

A ugustine کیا نہیں پوچھنا کو لیڈ

اس نے اپنی جان سپرد کردی تھی، شہرت کے لیے رضاکارانہ طور پر پیش نہیں کیا تھا۔ اس نے چاہا۔ خاموش اطاعت، نہیں عوامی ذمہ داری کے بعد سال کی خواہش، ایمان a وہ چاہتا تھا کے لیے پوشیدگی - کے لئے سیکھنا کے لیے نظم و ضبط، کے لیے مشق سے دور تالیاں

لیکن خدا تھا دوسرے منصوبے

اور وہ پہنچ گئے بغیر مشاورت

جب خدا کالز کیا ہم ڈی آئی ڈی نہیں پیشکش

زندگی کی سوچ سمجھ کر عقیدت وہ کمیونٹی، صحیفہ، دعا، اور نظم a آگسٹائن ارادہ کو زندہ و ضبط کی عکاسی کی کوشش کی۔ وہ آہستہ آہستہ، نجی طور پر، وفاداری سے بڑھنے پر مطمئن تھا۔

پھر دی چرچ محسوس کیا اسے اس کی

ماضی کی چمک نہیں۔

.نہیں اس کا سابقہ خواہش

لیکن دی وژن کی فضل اب آرام کرنا پر اسے

امید اور ضرورت سے گھرے ہوئے مومنین کے ایک اجتماع میں، آگسٹین کو عوامی طور پر وزارت میں بلایا گیا۔ کال اچانک تھی۔ لمحہ فکریہ تھا۔ دی ذمہ داری تھا ناگزیر

کیوں کرتا ہے خدا اکثر کال ہم کہاں ہم محسوس کم از کم تیار کیا؟ کیوں

کرتا ہے وہ سپرد کرنا اتھارٹی کو وہ ڈبلیو ایچ او کرو نہیں تلاش کریں یہ؟

آگسٹین مزاحمت کی - نہیں باہر کی بغاوت، لیکن باہر کی خوف

عاجزی وہ آتا ہے۔ کے بعد ہتھیار ڈالنا The

یہ کال کرنا ڈی آئی ڈی نہیں چاپلوسی آگسٹین
یہ خوفزدہ اسے
گہرا آگاہی کمزوری کی .وہ a وہ رویا کھلے عام - نہیں سے جھوٹا شائستگی، لیکن سے سمجھ گیا کہ قیادت کی کیا ضرورت ہے۔ وہ رہنمائی کی قیمت جانتا تھا۔ روحیں جب ایک کی اپنے روح تھا صرف حال ہی میں رہا شفا
پھر بھی دی کال رہ گیا
خدا آگسٹین کو اپنی طاقت پر بھروسہ کرنے کے لیے نہیں کہہ رہا
تھا۔ وہ اسے فضل پر بھروسہ کرنے کو کہہ رہا تھا۔
نااہلی، لیکن تیاری؟ کیا اگر خوف ظاہر کرتا a کیا اگر ہچکچاہٹ ہے نہیں
ہے سنجیدگی بلکہ سے ناکامی؟

اے نیا قسم آف اتھارٹی

آگسٹائنز اتھارٹی کیا نہیں آو سے اعتماد
یہ آیا سے اعتراف
اس نے ایک ایسے شخص کے طور پر رہنمائی نہیں کی جس نے آزمائش میں مہارت حاصل کی تھی، بلکہ ایک ایسے شخص کے طور پر جس کے پاس تھا۔ رہا بچایا سے یہ وہ کیا نہیں سکھانا کے طور پر ایک اوپر جدوجہد، لیکن کے طور پر ایک اس سے واقف ہے.
ٹول کی وزارت کیوں a ذریعہ کی شرم - بن گیا a اس کا ماضی - ایک بار
کرتا ہے خدا دوبارہ استعمال کیا ہم خواہش وہ کرے گا مٹانا
کیسے کرتا ہے فضل تبدیل زخم میں حکمت؟
آگسٹین سیکھا کہ قیادت میں مسیح کا بادشاہی ہے نہیں بلندی - یہ ہے ایکسپوژر۔

موت آف سیلف ڈائریکشن The

کال کریں۔ مطلب ہتھیار ڈالنا کنٹرول دوبارہ The قبول کرنا
آگسٹین کی وقت تھا نہیں طویل اس کا اپنے اس کا الفاظ لے گئے وزن اس کا زندگی بن گئی نظر آنے والا اس کا اطاعت اب متاثر دوسرے
یہ وہ آزادی نہیں تھی جس کا اس نے کبھی تصور کیا
تھا۔ یہ گہرا تھا۔
کیا ہوتا ہے جب ہماری فرمانبرداری دوسری زندگیوں کو تشکیل دینے لگتی
ہے؟ ہیں ہم آمادہ کو ہونا ذمہ دار کے لیے دی پھل ہم ریچھ
فضل تھا نہیں صرف محفوظ کر لیا آگسٹین - یہ تھا بھرتی اسے

تمام BY لاگت آف ہونا پڑھیں The

زندہ خط، جانا a :آگسٹائن قدم بڑھایا میں عوامی وزارت، وہ بن گیا کیا صحیفہ بیان کرتا ہے AS جاتا ہے اور پڑھیں کی طرف سے تمام
اس کے طرز عمل کی اہمیت
تھی۔ اس کی تعلیم کی اہمیت
تھی۔ اس کا توبہ اہم
وہاں تھا نہیں واپسی کو گمنامی
کیوں کرتا ہے خدا بے نقاب کیا وہ چھڑاتا ہے؟
کیوں کرتا ہے قیادت ضرورت ہے مرئیت بلکہ سے رازداری؟
آگسٹین شروع ہوا کو سمجھنا کہ خدا لکھتا ہے اس کا واضح ترین پیغامات ہتھیار ڈالنے پر زندگی

روڈ آگے The سوالات کے لیے

ایس آئی ٹی کے ساتھ یہ:

- جہاں ہو سکتا ہے خدا ہونا کال کرنا آپ اس سے آگے آپ کا آرام
- کیا ذمہ داریاں ہے آپ مزاحمت کی کیونکہ کی خوف؟
- ہیں آپ آمادہ کو خدمت کریں کہاں آپ کیا نہیں منصوبہ؟
- پلیٹ فارم کے لیے فضل a کیسے ہو سکتا ہے آپ کا ماضی بن

یہ سوالات مرضی گہرا کے طور پر آگسٹین کی اثر و رسوخ بڑھتا ہے

کیا آئی ایس آرہا ہے۔ اگلا

.آگسٹائنز زندگی آئی ایس کے بارے میں کو پھیلاؤ اس سے آگے مقامی وزارت میں دیرپا اثر دی اگلا باب مرضی دریافت کریں:

- دی وژن کی روحانی اتھارٹی
- دی خطرہ کی فخر کے بعد کال کرنا
- دی نظم و ضبط مطلوبہ کو باقی عاجز جبکہ بااثر

چرواہا a نوکر - لیکن کے طور پر a فضل مرضی اب شکل آگسٹین نہیں صرف کے طور پر

باب آٹھ

وزن آف اثر و رسوخ اور نظم و ضبط آف عاجزی The

I

اثر و رسوخ پہنچ گئے خاموشی سے
وہاں تھے نہیں تربی
.نہیں اچانک شہرت
نہیں ڈرامائی بلندی
لیکن آگسٹین محسوس کیا دی شفٹ
لوگ اب مختلف انداز میں سن رہے تھے۔ انہوں نے مزید قریب سے دیکھا۔ انہوں نے اپنی بات دہرائی ۔ انہوں نے اس کا مشورہ طلب کیا۔ اس کے نجی عقائد عوامی حوالہ جات بن رہے تھے۔
فضل تھا رکھا وزن پر اس کا زندگی
اور وزن، اگر نہیں لے گئے بجا طور پر کر سکتے ہیں کچلنا کیا یہ بلند کرتا ہے

روح The جب اثر و رسوخ ٹیسٹ

آگسٹائن سمجھ گیا کچھ بہت سے کبھی نہیں سیکھیں تک یہ ہے بہت دیر: اثر و رسوخ ہے ذمہ داری a انعام - یہ ہے a نہیں
اس نے ایک بار پہچان کا پیچھا کیا تھا۔ اب پہچان نے اس کا تعاقب کیا۔ اور خطرہ تھا ٹھیک ٹھیک فخر کرتا ہے نہیں ہمیشہ اعلان خود زور سے کبھی کبھی یہ افادیت کے طور پر بھیس آتا ہے.
لوگوں نے اس کی بصیرت کی
تعریف کی۔ انہوں نے اس کی
وضاحت کی تعریف کی۔ وہ جھکا
ہوا پر اس کا قیادت
.اور آگسٹین محسوس کیا دی لالچ - نہیں کو گناہ کھلے عام لیکن کو اعتماد خود خاموشی سے
کیوں ہے فخر زیادہ تر خطرناک کے بعد ہتھیار ڈالنا
افزائش زمین کے لیے خود انحصاری؟ a کیسے کرتا ہے افادیت بن

آگسٹین نے لذت کی قیمت جان لی تھی۔ اب وہ تھا کو
سیکھیں دی لاگت کی تعریف

روزانہ کام آف رہنا کم The

آگسٹائن نے یہ نہیں سمجھا کہ ہتھیار ڈالنے کا ایک عمل زندگی بھر کی ضمانت دیتا ہے۔ عاجزی وہ سمجھ گیا دی انسان دل بھی ٹھیک ہے کے لیے کہ
چنانچہ اس نے نظم و ضبط کی
مشق کی۔ سزا کے طور پر
نہیں۔
جیسا کہ تحفظ
وہ روزانہ نماز میں واپس آتا تھا - واعظ تیار کرنے کے لیے نہیں، بلکہ انحصار کرنے کے لیے۔ اس نے کلام پاک کا مطالعہ کیا — سننے والوں کو متاثر کرنے کے لیے نہیں، بلکہ خود کو بے نقاب کرنے کے لیے۔ اس نے اپنی کمزوریوں کا اعتراف کیا — عاجز ظاہر کرنے کے لیے نہیں، بلکہ ایماندار رہنے کے لیے۔
کیوں کرتا ہے روحانی ترقی ضرورت ہے تکرار بلکہ سے وحی فرض کرنے کے بجائے عاجزی کیوں اختیار کی جائے؟
آگسٹین نے لوگوں کے سامنے عوامی مرئیت کو زندہ رکھنے کے لیے خدا کے سامنے جان بوجھ کر مبہمیت کا انتخاب کیا۔

درس دینا سے داغ، نہیں پیڈسٹل

کیا سیٹ آگسٹائن الگ تھا نہیں اس کا پرتیبھا، لیکن اس کا ایمانداری
اس نے ایک اوپر فتنہ کے طور پر نہیں سکھایا۔ اس
نے سکھایا جیسا کہ اس سے بچایا گیا۔
اس کا ماضی کیا نہیں نااہل کرنا وہ - یہ نظم و ضبط اسے وہ یاد آیا بہت واضح طور پر خود حکمرانی نے کیا پیدا کیا۔ اسے بہت تکلیف سے یاد آیا کہ تاخیر کی کیا قیمت ہے۔
تو اس نے کشش ثقل کے ساتھ فضل
سکھایا۔ نرمی کے ساتھ سچائی۔
تصحیح کے ساتھ ہمدردی
خُدا اُن لوگوں کو اختیار کیوں دیتا ہے جو اپنی ٹوٹ پھوٹ کو یاد کرتے ہیں؟ کیسے کرتا ہے
حفاظت کے خلاف فخر a یادداشت بن
آگسٹین کی نشانات بن گیا حدود

چرچ بن جاتا ہے۔ اے آئینہ The جب

یادت نے آگسٹین کو نہ صرف تعریف بلکہ تنقید کے لیے بھی بے نقاب کیا۔ اس کی باتوں یں وزن تھا۔ اس کے اعمال کی ترجمانی کی۔ اس کے محرکات نے سوال کیا۔

یہ مرئیت بہتر اسے
وہ اب اتفاق سے نہیں رہ سکتا تھا۔ وہ کر
سکتے ہیں نہیں طویل بولو ڈھیلے سے وہ
اب نجی طور پر چھپ نہیں سکتا تھا۔
اور اس دباؤ سے ناراض ہونے کے بجائے، آگسٹین نے اسے رحم کے طور پر قبول کیا۔
کیوں کرتا ہے خدا اجازت دیں رہنما کو ہونا دیکھا تو واضح طور پر؟
کیا اگر احتساب ہے فضل میں بھیس
آگسٹین سیکھا کہ خدا اکثر محفوظ کرتا ہے عاجزی کی طرف سے انکار رازداری

مبا کام آف ہونا تشکیل شدہ تشکیل دیتے وقت دوسرے The

جیسے ہی آگسٹائن نے دوسروں کو شیفرڈ کیا، اس نے ایک تضاد دریافت کیا :سچائی کی تعلیم ینا گہرا اس کا ضرورت کے لیے یہ معروف دوسرے میں اطاعت انکشاف وہ علاقے جہاں اسے اب بھی فضل کی ضرورت ہے۔

وہ تھا نہیں ختم اسے
استعمال کیا جا رہا تھا۔
اور استعمال ہونے کا مطلب مکمل ہونا نہیں تھا۔ کیون کرتا
ہے خدا کال ہم کو خدمت کریں پہلے ہم محسوس تیار؟
اثر بڑھنے کے باوجود تشکیل کیوں جاری رہتی ہے؟ آگسٹین نے
سیکھنے والے کے طور پر رہنمائی کرنا سیکھا۔

سال آگے The سوالات وہ شکل

لے جانا یہ آگے

- کیسے کرو آپ گارڈ عاجزی جب خدا بڑھتا ہے آپ کا اثر و رسوخ؟
- کیا نظم و ضبط حفاظت آپ کا انحصار پر خدا؟
- ہیں آپ آمادہ کو ہونا جانا جاتا ہے کے طور پر ٹھیک ہے کے طور پر استعمال کیا؟
- کرو آپ واپسی کو خدا کے طور پر گہرائی سے کے طور پر دوسرے آو کو آپ

یہ سوالات مرضی وضاحت کریں آگسٹین کی باقی سفر

کیا آئی ایس آرہا ہے۔ اگلا

.آگسٹائنز اثر و رسوخ ہے کے بارے میں کو توسیع اس سے آگے اس کا فوری کمیونٹی
دی اگلا باب مرضی دریافت کریں:

- دی بوجھ کی نظریاتی ذمہ داری
- دی چیلنج کی حفاظت سچائی کے ساتھ محبت
- دی لاگت کی کھڑا فرم بغیر بننا سخت

چرواہا روحوں کی a **محافظ کی سچائی اور** a فضل مرضی اب شکل آگسٹین کے طور پر

باب نو

دل The کسی نقصان کے ایمان کی حفاظت کرنا

T روتھ ہے وزن
ایک بار جب آگسٹین نے اثر و رسوخ میں قدم رکھا، تو اس نے دریافت کیا کہ سچائی اب صرف زندہ رہنے کی چیز نہیں رہی بلکہ یہ **حفاظت کرنے والی چیز تھی** ۔ خیالات اہمیت رکھتے تھے۔ پڑھانا شکل روحیں خرابی کیا نہیں باقی نظریاتی یہ پیدا کیا پھل حقیقی میں زندگی
اور نہیں تمام پھل تھا اچھا

جب غلطی ڈیمانڈز جواب

وقت جب مقابلہ تعلیمات پھیلاؤ جلدی، اعتماد سے، اور قائل۔ کچھ a آگسٹائن رہتے تھے۔ میں روحانی لگتے تھے۔ کچھ ہمدرد لگ رہے تھے۔ کچھ فکری طور پر برتر لگ رہے تھے۔ بہت سے لوگوں نے عیسائی زبان کو اس کی طاقت سے خالی کرتے ہوئے مستعار لیا۔
خاموشی تھا نہیں ایک اختیار
کو باقی خاموش کرے گا ہے رہا آسان کو باقی قابل
قبول کرے گا ہے رہا زیادہ محفوظ
لیکن لوگوں کے لیے محبت وضاحت کا تقاضا کرتی ہے، سکون
نہیں۔ کیوں کرتا ہے سچائی آخر کار ضرورت ہے تصادم؟
برداشت کب غفلت میں آجاتی ہے؟
. آگسٹین سیکھا کہ حفاظت دی ایمان تھا نہیں تکبر ۔ یہ ذمہ داری تھی

خطرہ آن دونوں سائیڈز The

پھر بھی آگسٹائن نے بھی کچھ خطرناک سمجھا: یہ ہے ممکن کو دفاع
سچائی اور کھونا محبت
تصحیح فخر میں سخت ہو سکتی ہے۔ سزا دینا
ظلم بن سکتا ہے۔ آرتھوڈوکس ٹھنڈے دل کے
ساتھ رہ سکتا ہے۔ اور آگسٹین نے ایسا ہوتا
دیکھا تھا۔

وہ تھا ایک بار رہا پر دی وصول کرنا اختتام کی سخت یقین - سچائی صبر کے بغیر بات کی گئی، بغیر فضل کے یقین دلایا گیا۔ اسے یاد تھا کہ دلائل کتنی آسانی سے زخم بھرنے کے بجائے زخم لگا سکتے ہیں۔

تو وہ چل دیا احتیاط سے
ہم جنگجو بنے بغیر کیسے مقابلہ کریں؟ ہم کچلنے کے بغیر
کیسے درست کریں گے؟

اے فارم آف سروس AS سچائی

آگسٹائن ری فریم شدہ دی کام
ایمان کا دفاع دلائل جیتنے کے بارے میں نہیں تھا۔ یہ تھا کے
بارے میں **سرونگ روحیں**
ہتھیار کو ثابت کریں برتری یہ صحت a سچائی تھا نہیں
بحال کرنے کی دوا تھی۔
یہ تبدیل کس طرح وہ بولا اس نے
کیسے لکھا۔
کیسے وہ سامنا کرنا پڑا غلطی

وہ مزاحمت کی دی فتنہ کو ذلیل کرنا مخالفین وہ انکار کر دیا کو لوگوں کو عہدوں پر کم کرنا۔ اسے یاد آیا کہ ہر غلط خیال کے پیچھے ایک انسان کھڑا ہوتا ہے۔ دل شکل کی طرف سے خوف، الجھاؤ، یا فخر

کیا ہوگا اگر اصلاح کا مقصد بحالی ہے، غلبہ نہیں؟ کیا اگر محبت ہے نہیں
دی مخالف کی سچ، لیکن اس کا مناسب ترسیل؟

ذاتی لاگت آف کھڑا فرم The

واضح مدعو کیا گیا۔ مخالفت

آگسٹین کو تنقید کا نشانہ بنایا گیا - غلط فہمی
ہوئی۔ چیلنج کیا۔ بعض اوقات غلط بیانی کی جاتی ہے۔ کھڑا ہے۔ کے
لیے سچائی لاگت اسے امن، شہرت، اور آسانی
لیکن سمجھوتہ کرے گا ہے لاگت مزید
کیوں کرتا ہے اطاعت اکثر لانا تنازعہ بلکہ سے پرسکون لوگوں سے اتنی
محبت کرنے کا کیا مطلب ہے کہ ناپسندیدگی کا خطرہ مول لے لیا جائے؟
آگسٹین قبول کر لیا دی لاگت - نہیں کے طور پر شہادت، لیکن کے طور پر ذمہ داری

عاجزی انڈر آگ

یہاں تک کہ جب اس نے سچائی کا دفاع کیا، آگسٹین اپنی غلطی سے چوکنا رہا۔ اس نے اپنے محرکات کا جائزہ لیا۔ اس نے کلام پاک پر نظرثانی کی۔ انہوں نے اصلاح کا خیر مقدم کیا۔

وہ یہ فرض کرنے کے خطرے کو اچھی طرح جانتا تھا کہ صحیح ہونے کا مطلب صادق ہونا ہے۔

سچائی کے محافظوں کو فضل کے طالب علم کیوں رہنا چاہئے؟
فروتنی اختیار کو کیسے محفوظ رکھتی ہے؟
آگسٹین کی کرنسی اہم کے طور پر بہت کے طور پر اس کا پوزیشن

آہستہ تشکیل آف اے ٹیچر The

اوور وقت، آگسٹائن بن گیا جانا جاتا ہے نہیں محض کے لیے وضاحت، لیکن توازن کے لئے .اس نے پختگی کو ہمدردی کے ساتھ، یقین کو صبر کے ساتھ، اختیار کو عاجزی کے ساتھ ملایا۔

اس کے الفاظ میں وزن تھا کیونکہ اس کی زندگی میں تحمل تھا۔ اس نے
یہ سچائی محبت کے زخموں کے بغیر جان لی تھی۔
لیکن محبت بغیر سچائی گمراہ کرتا ہے
دی کال کرنا تھا نہیں کو منتخب کریں کے درمیان وہ - لیکن کو **پکڑو دونوں ایمانداری** سے

روح The سوالات وہ اسٹریچ

:لے جانا یہ کے ساتھ آپ

- کیسے کرو آپ جواب دیں جب سچائی کی ضرورت ہے تصادم؟
- جہاں ہو سکتا ہے یقین ہونا سخت میں فخر
- ہیں آپ مزید متعلقہ کے ساتھ ہونا صحیح یا ہونا چھٹکارا دینے والا؟
- کیا کرے گا یہ لاگت آپ کو کھڑے ہو جاؤ فرم میں محبت

یہ سوالات مرضی بازگشت کے ذریعے دی عقیدت مند سفر آگے

کیا آئی ایس آرہا ہے۔ اگلا

آگسٹائنز اثر و رسوخ ہے توسیع اور تو ہے دی وزن وہ لے جاتا ہے
دی اگلا باب مرضی دریافت کریں:

- مصائب کہ کرتا ہے نہیں چھوڑ دو
- سوالات کہ ایمان کرتا ہے نہیں جلدی سے جواب
- بھروسہ کرنا خدا جب اطاعت کرتا ہے نہیں ہٹا دیں درد

گریس اب آگسٹین کو ایک گہرے طریقے سے تشکیل دے گا — فتح کے ذریعے نہیں، بلکہ اس کے ذریعے برداشت

باب دس

جب ایمان کرتا ہے۔ نہیں درد کو دور کریں۔

O

فرمانبرداری کیا نہیں موصل آگسٹین سے دکھ
اگر کچھ بھی یہ **واضح کیا یہ**
کی طرف سے یہ موسم کی اس کا زندگی، آگسٹین تھا ہتھیار ڈال دیے خواہش، دعوت کو قبول کیا، سچائی کی حفاظت کی، اور ذمہ داری قبول کی۔ اس کا ایمان اب نظریاتی نہیں رہا۔ یہ تھا تجربہ کیا، دکھائی دینے والا، اور مہنگا

اور اب بھی - درد رہ گیا جرم کا

درد نہیں۔

نہیں دی درد کی بغاوت

لیکن دی درد کہ رکتا ہے یہاں تک کہ جب اطاعت ہے مخلص

افسانہ آف بے درد ایمان The

آگسٹائن تھا ایک بار فرض کیا کہ ہتھیار ڈالنا کرے گا لانا سادگی وہ وضاحت کرے گا ہٹا دیں پیچیدگی وہ اطاعت کرے گا حل تناؤ

یہ کیا نہیں

ایمان نے نقصان نہیں مٹا دیا۔ کال

کرنا کیا نہیں روکنا غم سچائی کیا

نہیں خاموشی دکھ

نیا سیاق و سباق a اس کے بجائے، ایمان دیا درد

ہم فرمانبرداری کی توقع کیوں کرتے ہیں کہ وہ ہمیں مصائب سے بچا سکے؟ جہاں کیا دی خیال آو سے کہ ایمان ضمانت دیتا ہے آسانی؟

آگسٹین شروع ہوا کو سمجھنا کہ خدا کرتا ہے نہیں ہمیشہ ہٹا دیں درد - کبھی کبھی وہ **اس کی نئی تعریف کرتا ہے -**

دکھ وہ شکلیں بلکہ کے مقابلے تباہ کرتا ہے۔

آگسٹائن تجربہ کار غم کہ کاٹنا گہرائی سے نقصانات کہ کر سکتے ہیں نہ ہو دلیل دی دور سوالات کہ الہیات کیا نہیں جلدی سے جواب

وہ کیا نہیں تشریح تکلیف کے طور پر سزا اس نے یہ

نہیں سمجھا کہ یہ ناکامی ہے۔

وہ اجازت دی یہ کو کام

.درد ایک ٹیوٹر بن گیا

تطہیر آگ برداشت بن گیا ایک a دکھ بن گیا

پیشکش

اللہ توبہ کے بعد بھی درد کیوں رہنے دیتا ہے؟ کیا قسم کی ایمان ہے

تشکیل دیا جب ریلیف کرتا ہے نہیں آیا

آگسٹین دریافت کیا کہ تکلیف کر سکتے ہیں گہرا انحصار میں راحت کے طریقے کبھی نہیں ہوتے۔

بھروسہ کرنا خدا بغیر وضاحت

ایسے لمحات تھے جب آگسٹین جواب چاہتا تھا۔ واضح وجوہات۔ فوری قرارداد

لیکن خدا پیشکش کی کچھ دوسری: موجودگی نہیں

وضاحت

نہیں فرار

موجودگی

آگسٹین سیکھا کو اعتماد خدا بغیر سمجھ اسے مکمل طور پر کو آرام کرو خدا کا کردار جب حالات مزاحمت کی تشریح

کیوں خدا اکثر وضاحت کو روکتا ہے لیکن خود کبھی نہیں ?جب وضاحت نہ

ہو تو بھروسہ کرنے کا کیا مطلب ہے؟

یہ قسم کی ایمان تھا پرسکون ۔ لیکن مضبوط

تشکیل آف گہرائی The

درد سٹریپڈ دور کیا اثر و رسوخ کر سکتے ہیں نہیں

یہ بے نقاب بے صبری

اس نے پوشیدہ توقعات کا انکشاف کیا۔

اس نے اتلی اعتماد کو ختم کردیا۔

اور میں اس کا جگہ کچھ گہرا بڑھا ہمدردی توسیع
عاجزی مضبوط انحصار
گہرا
آگسٹین کی تعلیم میں وزن بڑھ گیا کیونکہ اس کے ایمان کو دبایا گیا تھا۔ اس کے الفاظ لے گئے
اتھارٹی کیونکہ وہ تھا رہا تجربہ کیا
مصائب اکثر ہمیں اس خدمت کے لیے کیوں تیار کرتے ہیں جس کی ہم نے توقع نہیں کی
تھی؟ برداشت حکمت کو کیسے شکل دیتی ہے؟

ایمان وہ کرتا ہے۔ نہیں ڈیمانڈ نتائج

سب سے زیادہ گہرا شفٹ واقع ہوا یہاں: آگسٹین نے نتائج سے ایمان کی پیمائش The شاید
کرنا چھوڑ دی۔
اس نے بغیر ضمانت کے اطاعت کرنا سیکھا۔
ٹائم لائن کے بغیر اعتماد کرنا۔
ناراضگی کے بغیر برداشت کرنا۔ ایمان
اب کوئی لین دین نہیں رہا۔ یہ ایک رشتہ
تھا۔
ایمان کیوں پختہ ہوتا ہے جب وہ ثبوت کا مطالبہ نہیں کرتا ؟کیا ہوتا ہے جب
اطاعت بن جاتا ہے اس کا اپنے انعام
آگسٹین نے آرام کیا—اس لیے نہیں کہ حالات بہتر ہو گئے، بلکہ اس لیے کہ خدا باقی رہا۔
وفادار

سفر DEEPEN The سوالات وہ

:کرو نہیں رش یہ

- کیا درد ہے آپ فرض کیا ایمان چاہئے ہٹا دیں؟
- جہاں ہے مایوسی چیلنج کیا آپ کا بھروسہ
- ؟کر سکتے ہیں۔ آپ باقی وفادار بغیر فوری ریلیف
- ہے آپ کا اطاعت مشروط پر نتائج؟

یہ سوالات مرضی بازگشت کے ذریعے دی عقیدت مند دن آگے

کیا آئی ایس آرہا ہے۔ اگلا

اگسٹائن اب اپنی زندگی کے آخری سالوں میں داخل ہو رہا ہے ۔ عکاسی، میراث اور تیاری کے لیے روانگی

:دی اگلا باب مرضی دریافت کریں

- دی حکمت کی پچھتاوا
- دی تشکیل کی میراث
- تیاری کر رہا ہے۔ دوسرے کو لے جانا دی ایمان آگے

ختم کرنے والا ، نہیں صرف ایک پیروکار a فضل مرضی اب فارم آگسٹین کے طور پر

The باب گیارہ رہنے والے کے ساتھ

میں دیکھیں END

T

نقطہ میں ہر زندگی جب عجلت تبدیلیاں اس کا لہجہ a یہاں آتا ہے
عزائم دیتا ہے راستہ کو توجہ
رفتار گہرائی تک پہنچتی ہے۔ کامیابی
معنی سے پہلے دھندلا جاتی ہے۔ آگسٹین
تھا داخل ہوا کہ موسم
اس نے اپنی زندگی کی پیمائش اس سے نہیں کی کہ وہ کتنا کر سکتا ہے، بلکہ اس بات سے کہ وہ کتنی وفاداری سے **ختم کر سکتا ہے** ۔

مستقبل مختصر The جب

اے راستہ آف واضح کرنا کیا نوجوان نظر انداز کرتا ہے HAS عمر
آگسٹین محسوس کیا وقت مختلف طریقے سے اب نہیں کے طور پر دباؤ لیکن کے طور پر نقطہ نظر سال آگے تھے کم سے دی سال پیچھے کیا رہ گیا تھا نہیں کے بارے میں طویل بننا یہ تھا کے بارے میں **سپرد** کرنا ۔
وہ کیا نہیں بڑھنا غیر فعال وہ
جان بوجھ کر بڑھا۔
جب وقت محدود محسوس ہوتا ہے تو حکمت اکثر کیوں آتی ہے؟ کیا
تبدیلیاں جب ہم روکو فرض کرنا ہم ہے "بعد میں"؟
آگسٹین سیکھا کو زندہ کے ساتھ دی اختتام میں دیکھیں ۔ نہیں خوف سے، لیکن ایمانداری سے

ویسل TO شفٹنگ سے آواز

آگسٹائن نے ابھی تک پڑھایا، پھر بھی لکھا، اب بھی چرواہا ہے۔ لیکن اس کی کرنسی تھی۔ تبدیل
اب اسے سننے کی ضرورت نہیں تھی۔
وہ سچائی کو برداشت کرنا چاہتا تھا۔
اس نے دوسروں میں گہرائی سے سرمایہ کاری کی — لیڈر بنانے، کمیونٹیز کو مضبوط کرنے، حفاظت نظریہ نہیں کے ذریعے کنٹرول لیکن کے ذریعے وضاحت اس کی فکر منتقل سے اثر و رسوخ کو **وراثت**
کیا ہیں ہم عمارت کہ مرضی زندہ ہم کیا ہم لوگ یا
پلیٹ فارم بنا رہے ہیں؟
آگسٹین نے سمجھا کہ میراث وہ نہیں ہے جو ہم پیچھے چھوڑتے ہیں، بلکہ جسے ہم چھوڑتے ہیں۔ تیار

بنانا امن کے ساتھ حد

جسم کمزور توانائی گھٹ گیا مصائب دوبارہ ملاحظہ کیا The
آگسٹین نے ان تبدیلیوں کے خلاف مزاحمت نہیں کی۔ اس نے انہیں یاد دہانیوں کے طور پر حاصل کیا — نقصان کے نہیں، بلکہ منتقلی کے۔ اس کی امید کبھی مضبوط نہیں ہوئی تھی۔ اس نے مسیح میں آرام کیا۔
کیوں کرتا ہے خدا اجازت دیں کمی کو شکل ایمان؟
جب صلاحیت کم ہوتی ہے تو اعتماد کیسا لگتا ہے؟ آگسٹین کی
ایمان کیا نہیں سکڑنا کے ساتھ اس کا طاقت یہ گہرا

یاد رکھنا فضل، نہیں افسوس

پیچھے مڑ کر، آگسٹائن نے اپنی ناکامیوں سے انکار نہیں کیا۔ اس نے انہیں یاد کیا — لیکن چھٹکارے کی عینک سے۔
وہ کیا نہیں مشق افسوس اس نے
فضل کی مشق کی۔
ہر تاخیر، ہر غلطی، ہر مزاحمت بن گیا ثبوت - نہیں شرم کا، لیکن کی رحم خدا تھا نہیں برباد اس کا زندگی خدا تھا چھڑا لیا یہ
فضل ہمیں بغیر مذمت کے یاد کرنے کی اجازت کیوں دیتا ہے؟ شکرگزاری
کس طرح ندامت کی جگہ لیتی ہے؟

آگسٹین نے اس کی وفاداری میں آرام کیا جس نے اس کا تعاقب کیا تھا ۔ آغاز

تیاری کر رہا ہے۔ کے لیے روانگی

گسٹائن ڈی آئی ڈی نہیں خوف موت
.نہیں کیونکہ وہ تھا بہادر، لیکن کیونکہ وہ تھا لنگر انداز
اس کی امید اس کے کام، اس کی تحریروں یا اس کے اثر و رسوخ سے نہیں تھی۔ میں تھا۔
مسیح ۔ کون تھا رہا قریب کو اسے سے وہ تھا کبھی رہا کو خود
کیوں کرتا ہے ایمان بڑھنا پرسکون قریب دی ختم
کس قسم کی زندگی پرامن روانگی کی اجازت دیتی ہے؟ آگسٹین
ایمانداری سے زندگی گزار رہا تھا۔
وہ تھا ہتھیار ڈال دیے مکمل
طور پر اسے گہرا بھروسہ تھا۔
اور اب وہ انتظار کیا

سوالات کے لیے وہ اب بھی سفر کرنا

لے جانا یہ آگے

- کیا کرے گا تبدیلی اگر آپ رہتے تھے کے ساتھ دی اختتام میں دیکھیں
- کیا ہیں آپ عمارت کہ مرضی باقی
- ڈبلیو ایچ او ہیں آپ جان بوجھ کر تیاری کر رہا ہے؟
- ہیں آپ بھروسہ خدا کے ساتھ آپ کا حدود کے طور پر بہت کے طور پر آپ کی طاقت؟

یہ سوالات مرضی ساتھ دی حتمی تحریک کی کہانی

کیا آئی ایس آرہا ہے۔ اگلا

آگسٹائنز زندگی آئی ایس ڈرائنگ کو اس کا بند ۔ لیکن اس کا اثر و رسوخ ہے دور ختم ہونے سے

دی حتمی باب مرضی عکاسی پر:

- اے زندگی پڑھیں کی طرف سے نسلیں

- پھل کہ باہر رہتا ہے دی درخت
- سچ زندہ خط a کیا یہ مطلب کو بن

باب بارہ اے زندگی پڑھیں

BY تمام

A

. کی زندگی خاموشی سے ختم ugustine
وہاں تھے نہیں عظیم الشان اعلانات
نہیں حتمی پرفارمنس
نہیں کوشش کو محفوظ کرنا میراث
اور ابھی تک ۔ اس کا زندگی جاری ہے کو بولو
نہیں کیونکہ وہ تلاش کیا مستقل مزاجی، لیکن کیونکہ وہ ہتھیار ڈال دیے کو دی وہ جو ابدی ہے۔

جب اے زندگی بن جاتا ہے۔ اے خط

لکھا کہ مومنین ہیں خطوط ۔ لکھے گئے نہیں سیاہی کے ساتھ، لیکن کی PAUL رسول The طرف سے دی روح کی دی زندہ خدا، جانا جاتا ہے اور پڑھیں کی طرف سے تمام
آگسٹین بن گیا ایک کی وہ خطوط نہیں کیونکہ
وہ تھا بے عیب
نہیں کیونکہ وہ تھا غیر معمولی لیکن اس
لیے کہ وہ **جھک گیا تھا** ۔
:کہانی کہ کر سکتے ہیں ہونا پڑھیں بغیر وضاحت a اس کا زندگی بتایا

- وہ فضل تعاقب کرتا ہے پہلے اطاعت شروع ہوتا ہے
- وہ سچائی سامنا کرتا ہے پہلے یہ آرام
- وہ ہتھیار ڈالنا پہلے آرام
- وہ اطاعت نئی شکلیں خواہش
- وہ وفاداری باہر رہتا ہے دی وفادار

ہتھیار ڈالنے والی زندگی کامل سے زیادہ کیوں بولتی ہے؟ کیا بناتا ہے

کچھ کہانیاں برداشت کرنا جبکہ دوسرے دھندلا
آگسٹین کی زندگی بور پھل کہ بنایا اس کا جڑیں نظر آنے والا

رخت The پھل وہ زندہ باد

گسٹائن ڈی آئی ڈی نہیں لائیو کو اثر و رسوخ صدیوں
وہ رہتے تھے کو اطاعت خدا
اور اطاعت ضرب اس سے آگے اس کا زندگی بھر
اس کا اعترافات دیا آواز کو دی انسان جدوجہد کے ساتھ گناہ اور فضل اس کی تعلیمات
ے یہ شکل دی کہ کس طرح نسلیں محبت، خواہش، وقت، یادداشت اور خدا کو سمجھتی ہیں۔
س کی ایمانداری نے مومنوں کو اجازت دی کہ وہ خدا کے سامنے پرفارم کرنے کے
جائے سچے ہوں۔
لیکن آگسٹین اپنے آپ سے دور ہو جاتا۔ پھل اس کا کارنامہ نہیں
تھا۔
یہ تھا خدا کا کام
کیوں خُدا اکثر ہتھیار ڈالی ہوئی زندگیوں کو اُن کے شعور سے باہر استعمال کرتا ہے؟
ہمارے جانے کے بعد کون سا پھل اُگ سکتا ہے؟

ے کہانی وہ دعوت دیتا ہے۔ جواب

گسٹائنز زندگی کرتا ہے۔ نہیں پوچھنا کو ہونا تعریف کی
یہ پوچھتا ہے کو ہونا جواب دیا
:یہ سامنا کرتا ہے ہر قاری کے ساتھ غیر آرام دہ سوالات

- جہاں ہیں آپ تاخیر اطاعت؟
- کیا خواہشات اب بھی مزاحمت ہتھیار ڈالنا
- کیا سچائی کرو آپ جانتے ہیں لیکن ہے نہیں ابھی تک اطاعت کی؟
- کیا کرے گا مکمل پیداوار دیکھو پسند کے لیے آپ

یہ ہیں نہیں تاریخی سوالات وہ حاضر ہیں۔
کہانی a آگسٹین کی کہانی بن جاتا ہے خطرناک صرف جب یہ باقی ہے

شاگردی TO سے بایوگرافی

یہیں سے سیرت کا اختتام ہونا چاہیے اور سفر کا آغاز ہونا چاہیے۔
اس کے بعد آنے والے صفحات یہ نہیں پوچھیں گے کہ آگسٹین کیا مانتا
تھا۔ وہ پوچھیں گے کہ تم کیا کرو گے؟
ہر ایک دن کی دی 40 **دن زندہ خطوط عقیدت مند سفر** مرضی ایک لے لو تھیم سے
آئینہ - کے ذریعے کلام، دعا، عکاسی، عزم، اور اعلان۔ a آگسٹین کی زندگی اور موڑ یہ میں
آپ مرضی نہیں ہونا پوچھا کو نقل کرنا آگسٹین
آپ مرضی ہونا مدعو کیا کو **پیروی کریں مسیح** ، کے طور پر آگسٹین کیا

سفر شروع ہوتا ہے۔ The اے فائنل سوال پہلے

آگسٹائن ایک بار لکھا کہ خدا تھا قریب کو اسے سے وہ تھا اپنے آپ کو
وہ ایک ہی خدا ہے موجود اب کیا ہے وہ
تحریر میں آپ کا زندگی؟ اور مرضی آپ
اجازت دیں یہ کو ہونا پڑھا؟

ریڈر TO The منتقلی نوٹ

زندگی خدا انکار کر دیا کو ترک کرنا a کہانی کی The آپ ہے ابھی پڑھیں
کیا پیروی کرتا ہے ہے ایک دعوت - نہیں کو مشاہدہ کرنا لیکن کو حصہ لینا دی
اگلا صفحہ شروع ہوتا ہے **دن ایک** کی دی 40 دن عقیدت مند۔
آؤ تیار کو ہونا لکھا ہوا

زندہ خطوط - 40 دن عقیدت مند سلسلہ - 1 مطالعہ شروع ہوتا ہے... >>>>>

دن ایک

اے بے چین دل خدا انکار کرتا ہے۔ نظر انداز کرنا

ای وائی فوکس صحیفے

K " آپ ہے بنایا ہم کے لیے خود کو، اے رب، اور ہمارے دل ہے بے چین جب تک یہ
پ میں آرام نہ کرے۔

— اعترافات

"آپ ہیں ہمارے خط لکھا ہوا میں ہمارے دل، جانا جاتا ہے اور پڑھیں کی طرف سے تمام مرد۔"

— کرنتھیوں 2:3-3 2

" کے لیے ہم ڈبلیو ایچ او ہے یقین کیا کرو داخل کریں کہ آرام... وہاں باقی ہے لہذا ایک
ام کے لیے دی لوگ کی خدا کے لیے وہ ڈبلیو ایچ او ہے داخل ہوا اس کا آرام ہے خود بھی
ند کر دیا سے اس کا کام کرتا ہے کے طور پر خدا کیا سے اس کا۔

— **عبرانیوں 3:4-10**

" آؤ کو میں، تمام آپ ڈبلیو ایچ او مزدوری اور ہیں بھاری لادین، اور میں مرضی دینا تم
رام کرو۔

— میتھیو 11:28

آگسٹائنز رہتے تھے۔ لمحہ

اس سے پہلے ہتھیار ڈالنا، پہلے اطاعت، پہلے اثر و رسوخ، **آگسٹین کی ہپو**
تے تھے کے ساتھ ایک بدامنی وہ کر سکتے ہیں نہیں وضاحت کریں یا فرار
وہ تھا ذہین وہ تھا
پیداواری اس کی
تعریف کی گئی۔

پھر بھی اس کا روح رہ گیا غیر آباد

آگسٹین کے پاس ایمان کی نمائش یا روحانی بیداری کی کمی نہیں تھی۔ جس کی اسے
ی تھی۔ تھا آرام - نہیں جسمانی آرام لیکن دی گہرا آرام کہ آتا ہے سے کے ساتھ سیدھ خدا اس
زندگی تھا فعال، لیکن اس کا دل تھا تقسیم وہ محنت کی ظاہری طور پر کامیاب ہوتے
ئے بھی باطنی طور پر۔

خدا کیا نہیں ہٹا دیں دی بے چینی اس نے
اسے استعمال کیا۔
نشان کی خدا کا غیر موجودگی لیکن a آگسٹین بعد میں احساس ہوا کہ اس کا بدامنی تھا نہیں کی خدا کا **دعوت** نامہ خدا تھا کال کرنا اسے باہر کی خود ہدایت کوشاں اور الہی آرام میں ۔ ایک آرام جو شروع ہوتا ہے جب زندگی سست ہو جاتی ہے، لیکن جب روح پیدا ہوتی ہے.

زندگی سبق

بائبلی آرام ہے نہیں غیرفعالیت یہ

صف بندی ہے ۔

عبرانیوں بتاتا ہے ہم کہ خدا کا آرام پہلے ہی موجود ہے ۔ اور کہ مومنین داخل کریں یہ اس کا مطلب ہے کہ آرام وہ چیز نہیں ہے جسے ہم کوشش سے حاصل کرتے ہیں۔ یہ وہ چیز ہے جسے ہم ہتھیار ڈالنے کے ذریعے حاصل کرتے ہیں۔
:بے سکونی۔ اکثر باقی ہے جب

- ہم یقین کرو لیکن کرو نہیں مکمل طور پر پیداوار
- ہم کام کے لیے خدا اس کے بجائے کی آرام کرنا میں خدا
- ہم کوشش کے ساتھ ہمارے اپنے طاقت بلکہ سے بھروسہ خدا کا کام ختم

.خدا اجازت دیتا ہے بدامنی کو برقرار جب یہ بے نقاب کرتا ہے علاقوں کی خود انحصاری بے سکونی تب رحمت بن جاتی ہے جب یہ ہمیں کوشش کرنا چھوڑ کر نتیجہ خیزی شروع کر دیتی ہے۔

آئینہ لمحہ)ذاتی عکاسی(

:بیٹھو کے ساتھ یہ سوالات دعا کے ساتھ

- جہاں ہیں آپ فعال کے لیے خدا لیکن نہیں پر آرام میں اسے؟
- کیا اندرونی مزدوری ہے خدا رہا مدعو کرنا آپ کو رہائی
- ہیں آپ کوشاں کو ثابت کریں کچھ خدا ہے پہلے ہی وعدہ کیا ہے؟

عبرانیوں 4 ہمیں یاد دلاتا ہے کہ آرام تب آتا ہے جب ہم **اپنے کاموں سے باز آتے ہیں ۔**

ایکشن کے لیے اطاعت

آج، مشق داخل ہونا خدا کا آرام جان بوجھ کر

- سیٹ ایک طرف 10-15 منٹ میں خاموشی
- پڑھیں **عبرانیوں 3:4-10** آہستہ آہستہ بلند آواز سے اگر ممکن
- :پوچھو دی مقدس روح
"کہاں ہوں میں اب بھی کوشاں اس کے بجائے کی بھروسہ؟"

لکھیں۔ نیچے کیا دی روح ظاہر کرتا ہے .
اسے درست نہ کریں۔ اسے وصول کریں۔
گروپ بحث سوالات

1. کیسے کرتا ہے صحیفہ وضاحت کریں آرام مختلف طریقے سے سے ثقافت؟
2. کیا ہے دی فرق کے درمیان جسمانی آرام اور روحانی آرام
3. کیسے کر سکتے ہیں کوشاں موجود یہاں تک کہ میں مذہبی سرگرمی؟

دعا

باپ، میں اقرار کرتا ہوں کہ میں اکثر وہاں محنت کرتا ہوں جہاں آپ نے کام ختم کر دیا ہو۔

سکھائیں میں کو داخل کریں آپ کا آرام - نہیں کے ذریعے کوشش، لیکن کے ذریعے ہتھیار ڈالنا جہاں میرا دل منقسم ہے وہاں صف بندی لاؤ۔
جہاں میں ہوں کوشش کرنا سکھانا میں کو
اعتماد میں آپ میں آرام کرنے کا انتخاب کرتا
ہوں۔
آمین

پیشن گوئی اعلان

میں داخل کریں خدا کا آرام کی طرف سے ایمان
میں بند کرو سے خود ہدایت کوشاں
میرا زندگی سیدھ میں لاتا ہے کے ساتھ خدا کا ختم کام
میں ہوں لکھا ہوا کی طرف سے دی روح، نہیں کارفرما کی طرف سے دباؤ

اطاعت TO عزم

آج، میں منتخب کریں آرام ختم کوشاں
میں پیداوار کنٹرول کہاں خدا ہے پہلے ہی بولا میں
مرضی اعتماد خدا کا کام مزید سے میرا کوشش **دو دن**

آگے دیکھ رہے ہیں۔

آگسٹین کی بے چینی کیا نہیں فوری طور پر لیڈ اسے میں آرام
یہ قیادت اسے میں **تاخیر** خطرناک عادت کی جاننا سچائی لیکن ملتوی اطاعت
:کل ہم مرضی سامنا کرنا جھوٹ کہ رکھتا ہے بہت سے مومنین بے چین

".بعد میں مرضی ہونا آسان"

دن دو

جھوٹ "ابھی تک نہیں "کا The لاگت آف تاخیر اور The

K

ای وائی فوکس صحیفے

"آج، اگر آپ مرضی سنو اس کا آواز کرو نہیں سخت آپ کے دل۔"

— **عبرانیوں 3:7-8**

کے لیے ہم ہیں خدا کا ساتھی کارکنان... اب ہے دی قبول کر لیا وقت دیکھو اب نجات کا " دن ہے۔

— کرنتھیوں 3:9؛ 2 کرنتھیوں 6:2 1

کیوں کرو آپ انتظار کرو اٹھو اور ہونا بپتسمہ اور دھونا دور آپ کا گناہ خُداوند کے نام "سے پکارنا۔

— اعمال 22:16

"کوئی بھی جانتا ہے دی صحیح چیز کو کرو اور ناکام کو کرو یہ، کے لیے اسے یہ ہے گناہ۔"

— جیمز 4:17

آگسٹائنز رہتے تھے۔ لمحہ

آگسٹین نے خدا کو رد نہیں کیا۔ اس
نے اسے ملتوی کر دیا۔

لمبی پہلے اس کا ہتھیار ڈالنا، آگسٹین تھا قائل کہ عیسائیت سچ تھا اس نے اس کی خوبصورتی کی تعریف کی۔ اس نے اس کی ہم آہنگی کو قبول کیا۔ یہاں تک کہ اس نے اس نے وعدے بھی چاہے ۔

لیکن وہ تاخیر اطاعت

اس نے خود سے کہا کہ وہ تیار نہیں ہے۔ وہ تبدیلی بعد میں آئے گی۔ اس ترقی کے لیے وقت درکار تھا۔ وہ ہتھیار ڈالنے کا انتظار کر سکتا تھا۔

خطرناک دعا :نہیں۔ ابھی a اور تو وہ دعا کی
تک

کیا آگسٹین کیا نہیں احساس تھا کہ تاخیر تھا تشکیل اسے کے طور پر جتنا فیصلہ .ہر ملتوی اطاعت عادت کو مضبوط کرتی ہے۔ ہر "بعد میں "گہرا ہوتا گیا۔ تقسیم ہر ہچکچاہٹ تربیت یافتہ اس کا مرضی کو مزاحمت

تاخیر تھا نہیں غیر جانبدار

زندگی سبق

تاخیر سخت کرتا ہے کیا اطاعت کرے گا شفا

صحیفہ تاخیر سے اطاعت کو حکمت نہیں مانتا۔ اسے خطرہ سمجھتا ہے۔ عبرانیوں نے خبردار کیا ہے کہ دل نہ صرف بغاوت کے ذریعے سخت ہوتے ہیں، بلکہ **ملتوی کرنے سے** ۔

"دی آواز کی خدا ہمیشہ بولتا ہے میں دی موجود تناؤ "آج۔

تاخیر قائل ہم کہ وقت مرضی بنانا اطاعت آسان میں حقیقت تاخیر پیٹرن کو گہرا کرنے، منسلکات کو مضبوط کرنے اور معمول پر آنے کے لیے مزاحمت کی اجازت دیتی ہے۔

جو صبر کی طرح محسوس ہوتا ہے وہ پرہیز
ہوسکتا ہے۔ جو احتیاط کی طرح محسوس ہوتا ہے
وہ خوف ہوسکتا ہے۔
کیا محسوس کرتا ہے پسند حکمت ہو سکتا ہے ہونا بے یقین

آئینہ لمحہ)ذاتی عکاسی(

:لے لو وقت کے ساتھ یہ سوالات

- کیا ہے خدا واضح طور پر بولا کو آپ کہ آپ ہے ملتوی
- متبادل کے لیے اطاعت؟ a جہاں ہے آپ استعمال کیا جاتا ہے تیاری کے طور پر
- کیا لاگت ہے تاخیر پہلے ہی پیدا کیا میں آپ کا زندگی؟

کرو نہیں جواب دفاعی طور پر جواب دیں۔ ایمانداری سے

ایکشن کے لیے اطاعت

:شناخت کریں۔ **ایک مخصوص اطاعت** آپ ہے تاخیر آج

- نام یہ واضح طور پر
- دعا کریں۔ ختم یہ مختصر طور پر
- لے لو ایک کنکریٹ قدم اس کی طرف

اعتماد کا انتظار نہ کریں۔ فرمانبرداری اکثر اعتماد پیدا کرتی ہے، اس کے برعکس نہیں۔

گروپ بحث سوالات

1. کیوں کرتا ہے تاخیر محسوس زیادہ محفوظ سے نافرمانی؟
2. کیسے کرتا ہے ثقافت مضبوط کرنا دی خیال کہ "بعد میں" ہے عقلمند
3. کیا ہے دی فرق کے درمیان انتظار پر خدا اور گریز خدا؟

دعا

باپ، میں اعتراف کرتا ہوں کہ میں نے فرمانبرداری کو ملتوی کر دیا ہے جبکہ اپنے آپ کو باور کرایا ہے کہ میں محتاط تھا۔
معاف کردو میں کے لیے دی اوقات میں تاخیر کیا آپ بنایا صاف میرے دل
کو نرم کر دے۔
جب آپ بولیں تو مجھے جواب دینا سکھائیں—بغیر گفت و شنید کے۔ میں
آج اطاعت کا انتخاب کرتا ہوں۔
آمین

پیشن گوئی اعلان

میں جواب دیں جب خدا بولتا ہے
میرا دل باقی ہے نرم اور ذمہ دار تاخیر کھو
دیتا ہے اس کا طاقت ختم میرا زندگی
آج، میں اطاعت

اطاعت TO عزم

".آج، میں مسترد دی جھوٹ کی "نہیں ابھی تک
میں مستقبل کے ارادے پر موجودہ اطاعت کا انتخاب کرتا
ہوں۔ میں مرضی عمل پر کیا خدا ہے پہلے ہی انکشاف

دن تین TO دیکھ رہا ہے آگے

آگسٹین کی تاخیر تھا نہیں جڑیں میں جہالت - یہ تھا جڑیں میں **منقسم خواہش**
:گہرا مسئلہ a کل ہم مرضی سامنا کرنا
کیا ہوتا ہے جب ہم چاہتے ہیں خدا، لیکن چاہتے ہیں کچھ اور مزید؟

دن تین

خواہش کی جنگ The تقسیم شدہ مرضی اور The

ای وائی فوکس صحیفے

K" میں خوشی میں دی قانون کی خدا کے مطابق کو دی اندر کی طرف آدمی لیکن میں
".ایک اور دیکھیں قانون میں میرا اراکین، متحارب کے خلاف دی قانون کی میرا دماغ

رومیوں 22:7-23 -

"نہیں ایک کر سکتے ہیں خدمت کریں دو ماسٹرز۔"

— میتھیو 6:24

ہر ایک ایک ہے آزمائش جب وہ ہے تیار دور کی طرف سے اس کا اپنے خواہشات اور "
"بہلایا۔

— جیمز 1:14

وہ ڈبلیو ایچ او تعلق رکھتے ہیں کو مسیح یسوع ہے مصلوب دی گوشت کے ساتھ اس کا "
"جذبات اور خواہشات۔

— گلیاتیوں 5:24

آگسٹائنز رہتے تھے۔ لمحہ

آگسٹین کی سب سے بڑی جدوجہد کفر نہیں تھی۔ یہ

تقسیم تھی -

وہ خدا کو چاہتا تھا۔ وہ

چاہتا تھا تقدس

وہ چاہتا تھا آزادی

اور پر دی ایک ہی وقت، وہ چاہتا تھا کنٹرول خوشی، اور واقفیت

اس اندرونی کشمکش نے اسے ستایا۔ اس نے اپنی مرضی کو تقسیم کے طور پر بیان کیا - مخالف سمتوں میں کھینچا گیا۔ اُس کا ایک حصہ خُدا کی آرزو رکھتا تھا۔ ایک اور ضد سے لپٹ گیا - عادت

آگسٹین کیا نہیں کمی یقین اس کے پاس

صف بندی کی کمی تھی۔

دی سانحہ تھا نہیں کہ وہ کیا نہیں جانتے ہیں دی اچھا - یہ تھا کہ جان کر اچھا کیا نہیں ابھی ک پیداوار دی مرضی کو منتخب کریں یہ

زندگی سبق

اے تقسیم دل پیدا کرتا ہے تاخیر اطاعت

خواہش ہے طاقتور صحیفہ کرتا ہے نہیں موجود خواہش کے طور پر غیر جانبدار یہ شکل کی سمت .جس چیز کی ہم سب سے زیادہ خواہش کرتے ہیں وہ آخر کار ہم پر حکمرانی کرے گی۔

دی مرضی ہے نہیں مضبوط کی طرف سے معلومات اکیلے یہ ہے مضبوط کی طرف سے

وبارہ ترتیب دیا محبت

آگسٹین سیکھا کہ دی جنگ کے لیے اطاعت ہے نہیں پہلے لڑا رویے میں ، لیکن پیار میں .جب تک خواہش کا مقابلہ نہ ہو، اطاعت نازک رہتی ہے۔ ہم کرو نہیں منتخب کریں کے خلاف ہمارے مضبوط ترین خواہش - ہم منتخب کریں **کے مطابق کو یہ**

آئینہ لمحہ)ذاتی عکاسی(

لے لو وقت کے ساتھ یہ سوالات:

- آپ جو کچھ جانتے ہیں اور جو آپ منتخب کرتے ہیں اس کے درمیان آپ کہاں تناؤ محسوس کرتے ہیں ؟
- کیا خواہش ہے رہا مقابلہ کے ساتھ آپ کا اطاعت کو خدا؟
- ہیں آپ کوشش کر رہا ہے کو اطاعت خدا جبکہ اب بھی حفاظت کچھ اور

ہو ایماندار خدا پہلے ہی جانتا ہے

ایکشن کے لیے اطاعت

ایک خواہش کی نشاندہی کریں جو آپ کے دل کو تقسیم کر رہی ہے۔ آج:

- نام یہ پہلے خدا
- اقرار کرنا اس کا اثر و رسوخ ایمانداری سے
- پوچھو خدا نہیں صرف کو روکنا یہ، لیکن کو **دوبارہ ترتیب دیں آپ کا محبت**

کرو نہیں دعا کے لیے مضبوط قوت ارادی

دعا کریں۔ کے لیے گہرا پیار کے لیے خدا

گروپ بحث سوالات

1. کیوں کرتا ہے علم اکیلے ناکام کو پیداوار اطاعت؟
2. کیسے کرتا ہے ثقافت معمول بنانا تقسیم خواہشات
3. خواہش بلکہ سے انتظام یہ؟ a کیا کرتا ہے یہ مطلب کو صلیب پر چڑھانا

دعا

باپ، میں اقرار کہ میرا دل ہے رہا تقسیم میں ہے چاہتا تھا
تم، لیکن نہیں ہمیشہ پہلے
دوبارہ ترتیب دیں۔ میرا محبت کرتا ہے
زیادہ پیار کے لیے آپ میرے a بے گھر کرنا مقابلہ خواہشات کے ساتھ
دل کو تیرے نام سے ڈرنے کے لیے متحد کر۔
آمین

پیشن گوئی اعلان

میرا دل ہے نہیں طویل تقسیم میں
مکمل طور پر خدا سے تعلق رکھتا
ہوں۔
ہر مقابلہ خواہش ہے ہارنا اس کا اتھارٹی میری مرضی
خدا کی سچائی کے مطابق ہے۔

اطاعت TO عزم

آج، میں منتخب کریں سیدھ ختم لذت میں منقسم
خواہشات کو خدا کے حوالے کرتا ہوں۔
میں مرضی نہیں حفاظت کیا خدا ہے پوچھ رہا ہے میں کو صلیب پر چڑھانا

دن چار TO دیکھ رہا ہے آگے

آگسٹین کی تقسیم مرضی قیادت اسے کو تلاش کریں **عقیدہ نظام کہ معاف کر دیا اسے شفا دینے کی بجائے خواہش**

خطرناک متبادل a کل ہم مرضی سامنا کرنا:

مذہب کہ وضاحت کرتا ہے گناہ بغیر سامنا کرنا یہ

دن چار

جب یقین بن جاتا ہے۔ اے چھپنے کی جگہ

ای وائی فوکس صحیفے

K"ہونا a فارم کی خدا پرستی لیکن انکار اس کا طاقت اور سے ایسے لوگ منہ پھیر لیتے ہیں۔

— ٹموتھی 5:3 2

تم صحیفوں کو تلاش کرتے ہو، کیونکہ ان میں تم سمجھتے ہو کہ تمہیں ابدی زندگی ہے؛ "ر یہ ہیں وہ جو گواہی دینا کی مجھے لیکن آپ ہیں نہیں آمادہ کو آو کو مجھے تاکہ آپ کو "زندگی ملے۔

— جان 5:39–40

"وہ دعوی کو جانتے ہیں خدا، لیکن میں کام کرتا ہے وہ انکار وہ۔"

— ٹائٹس 1:16

"ایمان کی طرف سے خود، اگر یہ کرتا ہے نہیں ہے کام کرتا ہے ہے مردہ۔"

— جیمز 2:17

آگسٹائنز رہتے تھے۔ لمحہ

جب آگسٹین کی منقسم مرضی ناقابل برداشت ہو گئی تو اس نے فوری طور پر ہتھیار نہیں الے۔

وہ تبدیل عقائد

اس لیے نہیں کہ نیا نظام درست تھا، بلکہ اس لیے کہ یہ آسان تھا۔ اس نے اسے اپنی خواہشات کا سامنا کیے بغیر اچھائی اور برائی کے بارے میں بات کرنے کی اجازت دی۔ یہ دیا سے وضاحتیں اس کے بجائے کی توبہ بصیرت اس کے بجائے کی اطاعت

آگسٹین کیا نہیں روکو بات کرنا کے بارے میں

سچائی اس نے اس سے سچ بولنا چھوڑ دیا۔

اس کے عقائد روحانی لگتے تھے۔ وہ نفیس نظر آئے۔ انہوں نے دعویٰ بھی کیا۔ اخلاقی شویش لیکن وہ مطلوبہ کچھ نہیں سے اس کا مرضی

پناہ - نہیں سے گناہ لیکن سے ہتھیار ڈالنا a عقیدہ بن گیا

زندگی سبق

نہیں تمام عقیدہ لیڈز کو زندگی

کچھ اعتقادی نظام گناہ کا مقابلہ کرنے کے بجائے اس کی وضاحت کرتے ہیں۔ وہ زبان کو حاکمیت کے بغیر، علم کو اطاعت کے بغیر، اور مذہب کے بغیر پیش کرتے ہیں۔ توبہ

تبدیلی سے انکار کرتے ہوئے سچائی سے واقف ہونا ممکن ہے ۔ جب عقیدہ نہیں طویل چیلنجز خواہش یہ رک جاتا ہے ہونا ایمان اور **چھلاورن بن جاتا ہے** .

سچا ایمان صرف ہماری حالت کی ترجمانی نہیں کرتا بلکہ **اسے بدل دیتا ہے** ۔

آئینہ لمحہ)ذاتی عکاسی(

:بیٹھو ایمانداری سے کے ساتھ یہ سوالات

- کیا آپ نے فرمانبرداری سے بچنے کے لیے کبھی دینیات، نظریے، یا روحانی زبان کا استعمال کیا ہے ؟
- جہاں ہو سکتا ہے آپ کا عقائد آرام آپ مزید سے وہ سامنا کرنا آپ
- ہے وہاں کوئی بھی علاقہ کہاں ایمان ہے بن وضاحت اس کے بجائے تبدیلی کی ؟

کرو نہیں جواب دفاعی طور پر جواب دیں۔ دعا کے ساتھ

ایکشن کے لیے اطاعت

:آج، جانچنا ایک عقیدہ آپ پکڑو قریب سے پوچھیں

- کرتا ہے۔ یہ عقیدہ لیڈ میں کی طرف اطاعت؟
- یا کرتا ہے یہ اجازت دیں میں کو باقی غیر تبدیل شدہ؟

روح القدس کو کسی بھی جگہ کو بے نقاب کرنے کی دعوت دیں جہاں یقین نے توبہ کی جگہ لے لی ہو۔

پھر لے لو **ایک کنکریٹ قدم کی اطاعت** کہ عقیدہ ہے تاخیر

گروپ بحث سوالات

1. مندمل ہونا جگہ a چھپا جگہ اس کے بجائے کی a کیسے کر سکتے ہیں مذہب بن
2. کیا ہے دی فرق کے درمیان جاننا سچائی اور حاصل کرنے والا کو یہ؟
3. کیوں ہیں عقیدہ نظام کہ مطالبہ کچھ نہیں اکثر دی زیادہ تر

پر کشش؟

دعا

ابا جی، میں اعتراف کرتا ہوں کہ میں نے کبھی کبھی سچائی کی طرف جھکنے کے بجائے یدے کے پیچھے چھپا رکھا ہے۔

کسی بھی عقیدے کو بے نقاب کریں جو مجھے بدلے بغیر مجھے تسلی دیتا ہے۔ نافرمانی کی حفاظت کرنے والی وضاحتوں کو ہٹا دیں۔

مجھے زندہ ایمان کی طرف رہنمائی کریں — وہ ایمان جو اطاعت کرتا ہے۔ آمین

پیشن گوئی اعلان

میں کرو نہیں چھپائیں پیچھے عقیدہ

میرا ایمان فرمانبرداری اور تبدیلی پیدا کرتا ہے۔ سچائی سامنا کرتا ہے میں، شفا دیتا ہے میں، اور لیڈز میں میں زندگی میں چلنا میں دی طاقت کی خدا پرستی، نہیں اس کا ظاہری شکل

اطاعت TO عزم

آج، میں زندہ ایمان کا عہد کرتا ہوں، عملی عقیدہ نہیں۔ میں سچائی کو اپنی خواہشات کو چیلنج کرنے کی اجازت دوں گا۔

میں منتخب کریں توبہ ختم وضاحت

دن پانچ TO دیکھ رہا ہے آگے

آگسٹین کی چھپنے کی جگہ بالآخر منہدم ہو گئی۔ حقیقت نظر انداز کرنے کے بہت قریب آ گئی۔

:تنقیدی لمحہ a کل ہم مرضی سامنا کرنا

کیا ہوتا ہے جب سچائی ہے نہیں طویل قابل گریز - اور دی مرضی منتخب کرنا ضروری ہے؟

دن پانچ

جب سچائی ناگزیر ہو جاتی ہے۔

ای وائی فوکس صحیفے

K" دی روشنی ہے آو میں دی دنیا اور مرد پیار کیا اندھیرا کے بجائے روشنی،
"کیونکہ ان کا اعمال تھے برائی۔

— جان 3:19

سمجھدار کی دی دل کے خیالات اور a ...کے لیے دی لفظ کی خدا ہے زندہ اور طاقتور "
"ارادے

— عبرانیوں 4:12

کیسے؟ طویل مرضی آپ لڑکھڑانا کے درمیان دو رائے؟ اگر دی رب ہے خدا، اس کی پیروی "
"کرو ۔

— بادشاہ 1 18:21

"منتخب کریں۔ کے لیے اپنے آپ کو یہ دن کسے آپ مرضی خدمت کریں۔"

— جوشوا 24:15

آگسٹائنز رہتے تھے۔ لمحہ

. آگسٹین کی زندگی میں ایک موڑ آیا جب **گریز تھا نہیں مزید ممکن ہے**

دلائل ٹوٹ چکے تھے۔ یقین کے
نظام ناکام ہو چکے تھے۔ تاخیر
تھا کھو دیا اس کا ساکھ

کال a سچائی کھڑا ہوا پہلے وہ - نہیں کے طور پر ایک خیال کو اندازہ لگانا، لیکن کے طور پر
کو اطاعت

آگسٹین کر سکتے ہیں نہیں طویل کہنا وہ کیا نہیں سمجھنا وہ کر سکتے ہیں نہیں طویل
دور اختیار؛ یہ ایک براہ راست a دعوی وہ ضرورت ہے مزید وقت عیسائیت تھا نہیں طویل
.تصادم بن گیا تھا

دی مسئلہ تھا نہیں طویل سچائی مسئلہ
مرضی کا تھا ۔

اور اس لمحے میں، آگسٹین کو ایک ہی وقت میں کچھ خوفناک اور آزاد کرنے کا احساس ہوا

انتخاب a نہیں منتخب کرنا تھا خود

زندگی سبق

جواب a سچائی آخر کار مطالبات

ایک لمحہ ایسا ہوتا ہے جب روشنی اس کی وضاحت سے زیادہ بے نقاب ہوتی ہے۔ جب کلام دماغ کو مطلع کرنا چھوڑ دیتا ہے اور دل کا فیصلہ کرنا شروع کر دیتا ہے۔ جب غیر جانبداری وضاحت کے تحت گر جاتی ہے۔

اس وقت تاخیر نافرمانی بن جاتی ہے اور عدم فیصلہ مزاحمت بن جاتا ہے۔

خدا کرتا ہے نہیں طاقت دی مرضی - لیکن وہ ہٹاتا ہے وہم

جب سچائی بن جاتا ہے ناگزیر، دی صرف باقی سوال ہے نہیں "کیا یہ سچ ہے؟ "لیکن "کیا میں مانوں گا؟"

آئینہ لمحہ)ذاتی عکاسی(

:بیٹھو خاموشی سے کے ساتھ یہ سوالات

- کیا سچائی ہے بن صاف میں آپ کا زندگی کہ آپ ہیں اب بھی گریز
- جہاں ہے خدا ہٹا دیا آپ کا بہانے لیکن آپ ہے نہیں ابھی تک جواب دیا؟
- ہیں آپ کھڑا میں دی روشنی - یا کھڑا قریب یہ؟

.ہو ایماندار خدا ہے پہلے ہی بول رہا ہے

ایکشن کے لیے اطاعت

آج، کرو نہیں پوچھنا خدا کے لیے مزید وضاحت

اس سے **ہمت مانگو** ۔

- شناخت کریں۔ ایک علاقہ کہاں سچائی ہے بن بے شک
- بولو یہ بلند آواز سے کو خدا
- :کہو یہ دعا آہستہ

"خداوند، میں مرضی نہیں طویل بچنا کیا آپ ہے بنایا صاف۔"

. پھر لے لو ایک قدم کی اطاعت - تاہم چھوٹا - آج

گروپ بحث سوالات

1. کیوں کرتا ہے وضاحت کبھی کبھی اضافہ مزاحمت اس کے بجائے کی اطاعت؟
2. کیسے کر سکتے ہیں قربت کو سچائی بنائیں دی وہم کی ایمان؟
3. کیا ہوتا ہے جب مومنین باقی غیر فیصلہ کن کے لیے بھی طویل

دعا

باپ، میں اقرار کہ وہاں ہیں سچائیاں میں ہے کھڑا ہوا قریب لیکن نہیں قدم رکھا میں پٹی دور
ہر عذر کہ رکھتا ہے میں سے اطاعت
مجھے ہمت دو جہاں وضاحت پہلے سے موجود ہو۔
میں منتخب کریں روشنی ختم سکون، سچائی ختم تاخیر
آمین

پیشن گوئی اعلان

میں اطاعت کے ساتھ سچائی کا جواب دیتا
.ہوں۔ میں اب غیر فیصلہ کن نہیں ہوں
دی روشنی کی خدا لیڈز میرا قدم آج، میں
نے رب کا انتخاب کیا۔

اطاعت TO عزم

آج، میں عزم کو جواب دیں کہاں خدا ہے بولا واضح طور پر میں غیر
جانبداری اور تاخیر کو مسترد کرتا ہوں۔
میں منتخب کریں اطاعت اب

دن چھ TO دیکھ رہا ہے آگے

توڑنا نقطہ - نہیں کی عقیدہ لیکن کی a جب سچائی بن گیا ناگزیر، آگسٹین پہنچ گئے

طاقت

:حقیقت بہت سے مومنین ملاقات a کل ہم مرضی چہرہ

کیا ہوتا ہے جب دی مرضی چاہتا ہے کو اطاعت - لیکن محسوس کرتا ہے بے اختیار کو کرو تو؟

دن چھ

جب مرضی ناکام ہو جائے اور فضل ضروری ہے۔ مداخلت کرنا

ای وائی فوکس صحیفے

K"کو مرضی ہے موجود کے ساتھ میں، لیکن کس طرح کو انجام دیں کیا ہے اچھا میں کرو نہیں
تلاش کریں۔

— رومیوں 7:18

میری فضل ہے کافی کے لیے تم، کے لیے میرا طاقت ہے بنایا کامل کمزوری میں "
۔

— کرنتھیوں 2 12:9

کیونکہ یہ خدا ہی ہے جو آپ میں اپنی مرضی اور اپنی بھلائی کے لیے کام کرتا ہے۔ "
خوشی.

— فلپیئنز 2:13

"نہیں ایک کر سکتے ہیں آو کو مجھے جب تک دی باپ ڈبلیو ایچ او بھیجا مجھے ڈرا کرتا ہے وہ۔"

— جان 6:44

آگسٹائنز رہتے تھے۔ لمحہ

آگسٹین اطاعت کرنا چاہتا تھا۔

یہی مسئلہ تھا۔

اس کا دماغ تھا قائل اس کا ضمیر تھا جاگنا اس کا خواہش کے لیے خدا حقیقی تھا . پھر بھی تکلیف دہ حقیقت: **خواہش اکیلے کافی نہیں تھا** a جب وہ کوشش کی کو تبدیلی، وہ دریافت کیا

وہ کر سکتے ہیں نام کیا تھا صحیح وہ
کر سکتے ہیں وضاحت کریں کیا تھا سچ
ہے وہ تقدس کے لیے ترس سکتا تھا۔
لیکن وہ کر سکتے ہیں نہیں بنانا خود مفت
دی مرضی تھا بیدار - لیکن طاقت تھا نہیں پہنچ گئے

یہ وہ جگہ ہے جہاں بہت سے مومنین کی حوصلہ شکنی ہوتی ہے۔ وہ نااہلی کو بے وفائی اور کمزوری کو منافقت سمجھتے ہیں۔ آگسٹین نے کچھ سیکھا۔ مختلف: یہ لمحہ تھا نہیں ناکامی - یہ تھا **تیاری**

زندگی سبق

قوتِ ارادی نہیں کر سکتے پیداوار تبدیلی

صحیفہ کبھی نہیں وعدے کہ ہم مرضی اطاعت کے ذریعے طاقت کی حل یہ وعدہ کرتا ہے کہ خُدا خود ہم میں کام کرتا ہے - خواہش اور اطاعت کرنے کی صلاحیت دونوں۔

دی لمحہ قوت ارادی ناکام ہے نہیں دی اختتام کی دی سفر یہ ہے اکثر فضل میں دروازہ.

فضل ہے نہیں خدا مدد کرنا آپ کوشش کریں مشکل

فضل ہے خدا کر رہا ہے میں آپ کیا آپ نہیں کر سکتے کرو اپنے آپ کو

تک ہم پہنچنا دی اختتام کی ہم خود، ہم اکثر غلط فہمی فضل

آئینہ لمحہ)ذاتی عکاسی(

:بیٹھو خاموشی سے کے ساتھ یہ سوالات

- جہاں ہے آپ کوشش کی کو اطاعت خدا میں آپ کا اپنے طاقت؟
- کیا عادت یا پیٹرن ہے مزاحمت کی آپ کا بہترین کوششیں؟
- کیا آپ نے کمزوری کو دعوت کے بجائے نااہلی سے تعبیر کیا ہے ؟

ہو ایماندار یہ ہے مقدس زمین

ایکشن کے لیے اطاعت

آج، روکو کوشش کر رہا ہے کو فتح کیا خدا چاہتا ہے کو لے جانا

- شناخت کریں۔ ایک علاقہ کہاں آپ محسوس بے اختیار
- بولو یہ بلند آواز سے کو خدا بغیر خود الزام
- : دعا کریں۔ یہ آہستہ سے جملہ

"خداوند، میں نہیں کر سکتے کرو یہ بغیر تم۔"

پھر آرام فضل کام کرتا ہے بہترین کہاں کوشاں رک جاتا ہے

گروپ بحث سوالات

1. کیوں کرو ہم مزاحمت تسلیم کرنا کمزوری؟
2. کیسے کرتا ہے خود کوشش بگاڑنا ہمارے سمجھ کی فضل
3. کیا کرتا ہے یہ مطلب کے لیے خدا کو کام میں ہم دونوں کو مرضی اور کو کرتے ہیں

دعا

باپ، میں اقرار کہ میں ہے کوشش کی کو اطاعت آپ کے ساتھ میرا اپنے طاقت میں
ہے بھروسہ کیا پر قوت ارادی کہاں میں ضرورت ہے فضل
میں لانا آپ میرا کمزوری - نہیں کے طور پر ایک عذر، لیکن کے طور پر
ایک پیشکش مجھ میں وہ کرو جو میں خود نہیں کر سکتا۔
آمین

پیشن گوئی اعلان

میں کرو نہیں بھروسہ پر میرا اپنے طاقت
خدا میرے اندر کام کر رہا ہے۔
فضل وہ کام کر رہا ہے جو قوت ارادی نہیں کر سکتی تھی۔
میں ہوں ہونا تبدیل کی طرف سے خدا کا طاقت

اطاعت TO عزم

آج، میں رہائی خود کوشش
میں انحصار مکمل طور پر پر دی فضل کی خدا
میں مرضی اجازت دیں خدا کو کام میں میں - دونوں کو مرضی اور کو کرو

دن سات TO دیکھ رہا ہے آگے

آگسٹین کی پیش رفت کیا نہیں آو کے ذریعے کوشش - یہ آیا کے ذریعے
اوٹ

:تعریف لمحہ a کل ہم مرضی سامنا
جب خدا بولتا ہے اور مزاحمت گر جاتا ہے

دن سات

لو اور پڑھو :جب خدا جدوجہد میں رکاوٹ ڈالتا ہے

K

ای وائی فوکس صحیفے

"روشنی کو میرا راستہ۔ a چراغ کو میرا پاؤں اور a آپ کا لفظ ہے"

زبور 119:105 -

سمجھدار کی دی دل کے خیالات اور a ...کے لیے دی لفظ کی خدا ہے زندہ اور طاقتور"
"ارادے

— عبرانیوں 4:12

".تو پھر ایمان آتا ہے کی طرف سے سماعت، اور سماعت کی طرف سے دی لفظ کی خدا"

— رومیوں 10:17

"آج، اگر آپ مرضی سنو اس کا آواز کرو نہیں سخت آپ کے دل۔"

— عبرانیوں 3:15

آگسٹائنز رہتے تھے۔ لمحہ

آگسٹین اپنے انجام کو پہنچ چکا تھا۔ وہ اب سچ پر
بحث نہیں کر رہا تھا۔
وہ تھا نہیں طویل ملتوی اطاعت
وہ تھا نہیں طویل دکھاوا طاقت وہ کیا نہیں ہے
وہ رویا - اس لیے نہیں کہ اسے خدا پر شک تھا، بلکہ اس لیے کہ وہ خود کو تبدیل نہیں کر سکتا تھا۔

اور پھر خدا رکاوٹ گرج کے
ساتھ نہیں۔
دلیل سے نہیں۔ نہیں کے
ساتھ وضاحت آواز کے
ساتھ
"لے لو اور پڑھیں۔"

دی حکم تھا سادہ یہ پیشکش کی نہیں سکون، نہیں مذاکرات، کوئی دلیل نہیں یہ کیا نہیں
وچھنا آگسٹین کو محسوس تیار - صرف کو جواب دیں

فضل کرتا ہے نہیں ہمیشہ پہنچنا کے طور پر
ریلیف کبھی کبھی یہ **سمت کے طور پر آتا ہے -**

زندگی سبق

پیش رفت اکثر آتا ہے جب کوشاں ختم
خدا کا کلام ہے نہیں محض معلومات - یہ ہے **مداخلت** صحیفہ صرف ہدایت نہیں کرتا؛ یہ
ندرونی انتشار کو روکتا ہے اور مرضی کو درست کرتا ہے۔
آگسٹین کی جدوجہد کیا نہیں اختتام کیونکہ وہ آخر میں کوشش کی مشکل یہ ختم ہو گیا کیونکہ
ندا بولا، اور آگسٹین جواب دیا
جب خدا بولتا ہے اطاعت بن جاتا ہے ممکن نہیں - نہیں کیونکہ طاقت ظاہر ہوتی ہے، لیکن
کیونکہ فضل چالو کرتا ہے

آئینہ لمحہ)ذاتی عکاسی(

:ہو اب بھی کے ساتھ یہ سوالات

- جہاں ہے آپ پہنچ گئے دی اختتام کی آپ کا اپنے طاقت؟
- کیا سادہ ہدایت ہو سکتا ہے خدا پہلے ہی ہونا دینا آپ
- ہیں آپ انتظار کے لیے ریلیف جب خدا ہے پوچھ رہا ہے جواب کے لیے ؟

کرو نہیں جلدی سنو۔

ایکشن کے لیے اطاعت

آج، اجازت دیں خدا کا کلام کو رکاوٹ آپ

- سیٹ ایک طرف 15 منٹ بغیر خلفشار
- کھولیں۔ صحیفہ - نہیں۔ کو مطالعہ لیکن کو **سنو**
- :پوچھو دی مقدس روح

"کیا ہیں آپ پوچھ رہا ہے میں کو کرتے ہیں؟"

جب وضاحت آتا ہے عمل - بغیر تاخیر

گروپ بحث سوالات

1. کیوں کرتا ہے خدا اکثر بولو بس پر فیصلہ کن لمحات

2. کیسے کر سکتے ہیں صحیفہ فنکشن کے طور پر رکاوٹ بلکہ سے معلومات؟

3. کیا رکھتا ہے ہم سے جواب دے رہا ہے فوری طور پر جب خدا بولتا ہے

دعا

باپ، میں شکریہ آپ کہ آپ بولو جب میں ہوں کمزور خلل ڈالنا
میرا کوشاں کے ساتھ آپ کا کلام۔
دینا میں کان کو سنو اور ہمت کو جواب دیں میں منتخب
کریں اطاعت جب آپ بولو
آمین

پیشن گوئی اعلان

میں خدا کی آواز سنتا ہوں۔ اس
کا کلام ہدایت کرتا ہے میرا قدم
جدوجہد کرنا دیتا ہے راستہ کو اطاعت
فضل بااختیار بناتا ہے میرا جواب

اطاعت TO عزم

آج، میں عزم کو جواب دیں جب خدا بولتا ہے میں تاخیر
یا مذاکرات نہیں کروں گا۔
میں مرضی اطاعت دی کلام میں سنو

دن آٹھ TO دیکھ رہا ہے آگے

آگسٹین کی رکاوٹ **فیصلے** پر منتج ہوئی لیکن ۔ فیصلے
کا باعث بنی ۔

ترک کرنا

:کل ہم مرضی سامنا کرنا دی لاگت کی اطاعت

کیا ضروری ہے گر دور جب فضل لیتا ہے پکڑو

دن آٹھ

جب فضل ترک کرنے کا مطالبہ کرتا ہے۔

ای وائی فوکس صحیفے

K" اگر کوئی بھی خواہشات کو آو کے بعد میں، دو اسے انکار خود، اور لے لو اس کے "اوپر کراس روزانہ، اور پیروی کریں میں۔

— لیوک 9:23

" ڈالو بند کے بارے میں آپ کا سابق طرز عمل دی پرانا آدمی جو کرپٹ بڑھتا ہے کے "مطابق کو دی دھوکے باز خواہشات۔

— افسیوں 4:22

"لیکن جو بھی چیزیں تھے حاصل کو میں، یہ میں ہے شمار کیا گیا نقصان کے لیے مسیح۔"

— فلپیئنز 3:7-8

".چلیں ہم بچھانا ایک طرف ہر وزن، اور دی گناہ جو تو آسانی سے پھندے ہم"

— عبرانیوں 12:1

آگسٹائنز رہتے تھے۔ لمحہ

. جب فضل آخر میں ٹوٹ گیا کے ذریعے **آگسٹین کی ہپو** کیا نہیں بس معافی محسوس کریں

وہ تبدیل سمت

فضل کیا نہیں گفت و شنید کے ساتھ اس کا پرانا زندگی یہ کیا نہیں پیشکش بقائے باہمی یہ مطالبہ کیا ترک کرنا آگسٹین سمجھ گیا کہ ہتھیار ڈالنا مطلب اندرونی معاہدے سے زیادہ - اس کے لیے نمونوں، عزائم سے واضح علیحدگی کی ضرورت تھی، اور منسلکات کہ کر سکتے ہیں نہیں طویل باقی

یہ تھا نہیں سزا یہ صف بندی

تھی۔

فضل تھا آزاد وہ لیکن آزادی مطلوبہ رہائی

ندگی سبق

فضل کرتا ہے نہیں صرف بچاؤ - یہ دوبارہ ترتیب دیتا ہے۔

ترک کرنا ہے نہیں دی قیمت ہم ادائیگی کے لیے فضل یہ ہے دی **پہل** کی فضل جب خُدا دل کو پکڑ لیتا ہے، تو کچھ چیزیں اپنی جگہ پر قائم نہیں رہ سکتیں — اس لیے نہیں کہ وہ ظاہری شکل میں ہمیشہ گنہگار ہوتی ہیں، بلکہ اس لیے کہ وہ اختیار کے لیے مقابلہ کرتی ہیں۔

:ترک کرنا جوابات ایک سوال واضح طور پر

ڈبلیو ایچ او ہے میں چارج اب؟

کیا ہم انکار کو رہائی آخر کار مزاحمت کرتا ہے ہمارے اطاعت

آئینہ لمحہ)ذاتی عکاسی(

:بیٹھو ایمانداری سے کے ساتھ یہ سوالات

- کیا کیا فضل مفت آپ سے کہ آپ ہیں اب بھی انعقاد پر؟
- کیا کوئی ایسا رشتہ، عادت یا خواہش ہے جو خدا کے اختیار کا مقابلہ کرتی ہے؟
- گناہ a وزن" نہیں صرف" a کیا ہے خدا پہلے ہی روشنی ڈالی کے طور پر

کرو نہیں جواز پیش کرنا سنو۔

ایکشن کے لیے اطاعت

آج، جان بوجھ کر مشق کریں ترک کرنا

- شناخت کریں۔ **ایک چیز** خدا ہے پوچھ رہا ہے آپ کو رہائی
- نام یہ واضح طور پر پہلے اسے
- ٹھوس قدم کو منقطع کرنا سے یہ a لے لو

ترک کرنا بن جاتا ہے حقیقی جب یہ ہے کام کیا پر

گروپ بحث سوالات

1. کیوں کرتا ہے ترک کرنا محسوس پسند نقصان یہاں تک کہ جب یہ لیڈز کو آزادی؟
2. کیسے کر سکتے ہیں اچھا چیزیں بن وزن؟
3. کیا ہے دی فرق کے درمیان انتظام گناہ اور مصلوب کرنا یہ؟

دعا

باپ، میں شکریہ آپ کے لیے دی فضل کہ ہے مجھ تک پہنچا
دینا میں ہمت کو رہائی کیا نہیں طویل تعلق رکھتا ہے میں میرا زندگی میں
اٹیچمنٹ پر سیدھ کا انتخاب کرتا ہوں۔
میں ہتھیار ڈالنا مکمل طور پر نہیں جزوی
طور پر آمین

پیشن گوئی اعلان

فضل حکومت کرتا ہے میرا زندگی
ہر مقابلہ منسلکہ ہے ہارنا اس کا پکڑو
میں چلنا مفت کیونکہ میں ہے جاری کیا ایک بار پابند میں مسیح اکیلا رب
ہے۔

اطاعت TO عزم

آج، میں ترک کرنا کیا خدا ہے شناخت کیا .میں اس
سے چمٹے نہیں رہوں گا جو فضل بڑھ گیا ہے۔ میں
منتخب کریں آزادی کے ذریعے ہتھیار ڈالنا

دن نو TO دیکھ رہا ہے آگے

ترک کرنے سے جگہ پیدا ہوتی ہے لیکن جگہ ضرور **بھرنی**
چاہیے . کل ہم مرضی دریافت کریں کیا پیروی کرتا ہے رہائی:
کیا ہوتا ہے جب خدا شروع ہوتا ہے کو دوبارہ ترتیب دیں خواہش اور تعمیر نئے مضامین؟

دن نو

جب خدا خواہش کو دوبارہ ترتیب دیتا ہے اور نئی عادتیں بناتا ہے۔

ای وائی فوکس صحیفے

K" خوشی اپنے آپ کو بھی میں دی رب، اور وہ کرے گا دینا آپ دی آپ کے دل کی
"خواہشات۔

— زبور 37:4

".ہو تبدیل کی طرف سے دی تجدید کی آپ کا دماغ"

— رومیوں 12:2

وہ ڈبلیو ایچ او تعلق رکھتے ہیں کو مسیح یسوع ہے مصلوب دی گوشت کے ساتھ اس کا "
"جذبات اور خواہشات۔

— گلیاتیوں 5:24

"نظم و ضبط اپنے آپ کو کے لیے دی مقصد کی خدا پرستی"

— ٹموتھی 4:7 1

آگسٹائنز رہتے تھے۔ لمحہ

ترک کرنے کے بعد **آگسٹین کی ہپپو نے** یہ نہیں سمجھا کہ جنگ ختم ہو گئی ہے۔
فضل تھا آزاد وہ ۔ لیکن آزادی تھا کو ہونا **تشکیل** دیا

دی پرانا خواہشات کیا نہیں غائب راتوں رات دی فرق تھا کہ وہ اب نہیں حکومت کی آگسٹین سمجھ گیا کہ خدا کرتا ہے نہیں محض ہٹا دیں گناہ کی خواہش؛ وہ **محبت کو دوبارہ ترتیب دیتا ہے** ۔ جو کبھی دل پر حاوی ہوتا ہے وہ کسی چیز سے بے گھر ہو جاتا ہے۔ زیادہ یہ دوبارہ ترتیب دینا مطلوبہ ارادہ آگسٹین گلے لگا لیا دعا، صحیفہ، اور نظم و ضبط کی تال ۔ مذہبی ذمہ داری کے طور پر نہیں، بلکہ نئی جبلتوں کو تشکیل دینے کے لیے فضل کے راستے کے طور پر ۔

آزادی تھا اب ہونا تربیت یافتہ

زندگی سبق

خدا تبدیل کرتا ہے ہم کی طرف سے نئی شکل دینا کیا ہم محبت

خواہش غائب نہیں ہوتی ہے - اسے ری ڈائریکٹ کیا جاتا ہے۔ مسیحی زندگی آرزو کو دبانے کا نام نہیں ہے بلکہ مقدس پیار کی آبیاری ہے۔ جو چیز دل کو اپنی گرفت میں لے لیتی ہے آخر کار رویے پر حکومت کرتی ہے۔

نئی عادتیں فضل حاصل کرنے کی کوشش نہیں ہیں۔

وہ ہیں جوابات کو فضل

نظم و ضبط تخلیق کرتا ہے جگہ کے لیے خواہش کو تبدیلی

آئینہ لمحہ)ذاتی عکاسی(

:عکاسی کرنا دعا کے ساتھ

- کیا خواہشات ہے خدا پہلے ہی شروع کر دیا کو شفٹ میں آپ
- جو پرانا عادات ہیں نہیں طویل حکمران، لیکن اب بھی موجود
- کیا نیا مشقیں کر سکتے ہیں مضبوط آپ کا سیدھ کے ساتھ خدا؟

کرو نہیں حقارت چھوٹا آغاز تشکیل ہے بتدریج

ایکشن کے لیے اطاعت

آج، قائم کریں **ایک مقدس عادت** منتخب کریں۔

:ایک

- اے سیٹ وقت کے لیے دعا
- روزانہ صحیفہ پڑھنا
- خاموشی اور عکاسی
- جان بوجھ کر احتساب

عزم کو یہ کے لیے دی اگلا سات دن - نہیں بالکل، لیکن ایمانداری سے

گروپ بحث سوالات

1. کیوں کرتا ہے نظم و ضبط محسوس پابندی کرنے والا پہلے یہ محسوس کرتا ہے آزاد کرنا؟
2. کیسے کرو عادات شکل خواہش وقت کے ساتھ ؟
3. کیا مشقیں ہے زیادہ تر مدد کی آپ باقی منسلک کے ساتھ خدا؟

دعا

باپ، شکریہ آپ کے لیے آزاد کرنا میں کی طرف سے آپ کا فضل

سکھائیں میں کو محبت کیا آپ محبت
میری خواہشات کو دوبارہ ترتیب دیں اور میری جبلت کو خدا پرستی کی
طرف تربیت دیں۔ تعمیر کریں۔ عادات میں میرا زندگی کہ رکھنا میں
منسلک کے ساتھ آپ
آمین

پیشن گوئی اعلان

میرا خواہشات ہیں ہونا دوبارہ ترتیب دیا کی
طرف سے خدا میں سب سے بڑھ کر رب میں
خوش ہوں۔
نئی عادتیں بن رہی ہیں جو میرے ایمان کو مضبوط کرتی
ہیں۔ میں روزانہ تبدیل ہو رہا ہوں۔

اطاعت TO عزم

آج، میں عزم کو نظم و ضبط سیدھ
میں مرضی کاشت عادات کہ پرورش میرا عقیدت کو خدا میں
واقفیت پر تشکیل کا انتخاب کرتا ہوں۔

دن دس TO دیکھ رہا ہے آگے

جیسا کہ آگسٹین کی خواہشات تھے دوبارہ ترتیب دیا، خدا شروع ہوا کو **سپرد کرنا اسے ذمہ داری کے ساتھ**
:پرسکون حقیقت a کل ہم مرضی دریافت کریں
آزادی ہے نہیں دی آخر - سرپرستی پیروی کرتا ہے فضل

دن دس

جب فضل ذمہ داری سونپتا ہے۔

K

ای وائی فوکس صحیفے

"کو کسے بہت ہے دیا، سے اسے بہت مرضی ہونا درکار ہے۔"

لیوک 12:48 -

".اس کے علاوہ یہ ہے مطلوبہ میں ذمہ دار کہ ایک ہونا پایا وفادار"

— کرنتھیوں 4:2 1

"ہو کرنے والے کی دی لفظ اور نہیں سننے والے صرف۔"

— جیمز 1:22

"ہم ہیں سفیروں کے لیے مسیح۔"

— کرنتھیوں 5:20 2

آگسٹائنز رہتے تھے۔ لمحہ

جیسا کہ فضل دوبارہ ترتیب دیا اس کا خواہشات اور مستحکم اس کا اطاعت، **آگسٹین کے** ایک نئے موسم میں داخل ہوا **Hippo**.

خدا شروع ہوا کو **سپرد کرنا اسے کے ساتھ** ذمہ داری

آگسٹین نے اثر و رسوخ کی تلاش نہیں کی۔ اس نے وفا کی تلاش کی۔ پھر بھی ذمہ داری تبدیلی کے بعد آئی۔ اس کی باتوں میں وزن تھا۔ اس کے طرز عمل کا مشاہدہ کیا گیا۔ اس کی اطاعت دوسروں پر اثر انداز ہونے لگی۔

گریس نے نہ صرف اسے بچایا تھا۔ اس
نے اسے پوزیشن دی تھی۔

یہ تبدیلی سنجیدہ تھی۔ آگسٹین سمجھ گیا کہ آزادی کی اجازت نہیں ہے ۔ کو زندہ اتفاق کال کو زندہ **احتیاط** سے اس کا زندگی تھا نہیں طویل نجی .پڑھا جا رہا تھا۔ a سے - یہ تھا

زندگی سبق

فضل ہمیشہ لیڈز کو ذمہ داری

خدا کرتا ہے نہیں مفت ہم تو ہم کر سکتے ہیں واپسی کو خود ہدایت زندہ وہ آزاد کرتا ہے ہم تاکہ ہم اس کی اچھی طرح نمائندگی کر سکیں۔ فضل کا ہر تحفہ ایک تفویض رکھتا ہے—خواہ وہ ظاہر ہو یا پوشیدہ۔

ذمہ داری دباؤ نہیں ہے۔ یہ امانت ہے۔

جب خُدا ذمہ داری سونپتا ہے، تو وہ کمال کا مطالبہ نہیں کر رہا ہے - وہ **وفاداری** کا مطالبہ کر رہا ہے -

آئینہ لمحہ)ذاتی عکاسی(

عکاسی کرنا ایمانداری سے:

- جہاں ہے خدا پہلے ہی سپرد آپ کے ساتھ اثر و رسوخ؟
- ڈبلیو ایچ او ہے متاثر کی طرف سے آپ کا اطاعت یا نافرمانی؟
- ہے آپ علاج کیا فضل کے طور پر ریلیف اس کے بجائے کی ذمہ داری؟

چلو یہ سوالات تلاش کریں آپ کا دل

ایکشن کے لیے اطاعت

آج، شناخت **ایک علاقہ کی ذمہ داری** میں آپ کا زندگی یہ ہو سکتا ہے:

- اے رشتہ
- اے کردار
- اے تحفہ
- اے گواہی

پوچھو خدا:

"کیسے؟ کر سکتے ہیں میں نمائندگی آپ ایمانداری سے یہاں؟"

پھر لے لو ایک جان بوجھ کر کارروائی کہ عکاسی کرتا ہے مسیح

گروپ بحث سوالات

1. کیوں کرو ہم کبھی کبھی مزاحمت ذمہ داری کے بعد آزادی؟
2. کیسے کرتا ہے ذمہ داری فرق سے دباؤ؟
3. نظر آنے والا نمائندہ کی مسیح؟ a کیا کرتا ہے یہ مطلب کو زندہ کے طور پر

دعا

باپ، شکریہ آپ کے لیے دی فضل کہ ہے تبدیل میں
سکھائیں میں کو لے جانا ذمہ داری کے ساتھ عاجزی اور وفاداری مدد میں
نمائندگی آپ ٹھیک ہے میں ہر جگہ آپ ہے سپرد کو میں میں منتخب کریں ذمہ
داری ختم سہولت
آمین

پیشن گوئی اعلان

وفادار نگران کی خدا کا فضل a میں ہوں
میری زندگی مسیح کی عکاسی کرتی ہے جہاں بھی مجھے لگایا
گیا ہے۔ ذمہ داری میری فرمانبرداری کو تیز کرتی ہے۔
میں زندہ کے طور پر ایک سفیر کی مسیح

اطاعت TO عزم

آج، میں عزم کو وفادار ذمہ داری
میں مرضی زندہ جان بوجھ کر جاننا میرا زندگی ہے پڑھیں کی
طرف سے دوسرے میں منتخب کریں وفاداری میں کیا خدا ہے
سپرد کو میں

دن گیارہ TO دیکھ رہا ہے آگے

:نیا چیلنج a جیسا کہ ذمہ داری اضافہ ہوا آگسٹین دریافت کیا

کیسے کرو آپ باقی عاجز جب اثر و رسوخ بڑھتا ہے؟

:ٹھیک ٹھیک خطرہ a کل ہم مرضی سامنا کرنا

جب افادیت دھمکی دیتا ہے انحصار پر خدا

دن گیارہ

خطرہ آف افادیت کے بغیر انحصار The

K

ای وائی فوکس صحیفے

"بغیر مجھے آپ کر سکتے ہیں کرو کچھ نہیں۔"

— جان 15:5

".چلیں اسے ڈبلیو ایچ او سوچتا ہے وہ کھڑا ہے لے لو توجہ ایسا نہ ہو وہ گر"

— کرنتھیوں 10:12 1

ہم ہے یہ خزانہ میں مٹی برتن، کہ دی فضیلت کی دی طاقت ہو سکتا ہے ہونا کی خدا "

".اور نہیں کی ہم

— کرنتھیوں 4:7 2

".نہیں کہ ہم ہیں کافی کی خود کو... لیکن ہمارے کافی ہے سے خدا"

— کرنتھیوں 3:5 2

آگسٹائنز رہتے تھے۔ لمحہ

.جیسا کہ ذمہ داری اضافہ ہوا **آگسٹین کی ہپو** بن گیا تیزی سے مفید

لوگ سنا رہتا ہے۔ تھے

شکل سچائی تھا واضح

کیا

اور کہ تھا بالکل دی خطرہ

آگسٹین سمجھ گیا کہ اگر چوکسی ختم ہو جائے تو افادیت خاموشی سے انحصار کی جگہ لے سکتی ہے۔ خدا جو تحفہ دیتا ہے وہ خود خدا کا متبادل بن سکتا ہے۔ اثر مایوسی کو کم کر سکتا ہے۔ سچائی سے واقفیت فضل کی بھوک کو کم کر سکتی ہے۔

آگسٹین مزاحمت کی یہ بہاؤ جان بوجھ کر وہ یاد آیا بھی واضح طور پر جو وہ فضل کے بغیر تھا .اس نے خدا کی موجودگی سے زیادہ اپنی بصیرت پر بھروسہ کرنے سے انکار کردیا ۔

افادیت نے اسے متاثر نہیں کیا۔ انحصار نے
اسے لنگر انداز کیا۔

زندگی سبق

خدا خواہشات انحصار مزید سے افادیت
پھلداری بغیر انحصار ہے غیر پائیدار صحیفہ سکھاتا ہے کہ شاخ محنت سے پھل نہیں دیتی بلکہ بیل سے جڑے رہنے سے۔
:افادیت بن جاتا ہے خطرناک جب

- ہم بھروسہ پر تحفہ دینا اس کے بجائے کی فضل
- ہم متبادل سرگرمی کے لیے قربت
- ہم اعتماد تجربہ مزید سے خدا

انحصار چینل کو کھلا رکھتا ہے۔ اس کے بغیر اچھے کام بھی کھوکھلے ہو جاتے ہیں۔

آئینہ لمحہ)ذاتی عکاسی(

:عکاسی کرنا احتیاط سے

- جہاں ہے خدا بنایا آپ مؤثر یا نتیجہ خیز؟
- ہے تاثیر کم آپ کا احساس کی ضرورت کے لیے خدا؟
- ہیں آپ بھروسہ پر ماضی ملاقاتیں اس کے بجائے کی موجود انحصار؟

آپ کا دل recalibrate چلو یہ سوالات

ایکشن کے لیے اطاعت

آج، مشق **جان بوجھ کر انحصار**

- توقف پہلے ہر اہم کام
- :تسلیم کرتے ہیں۔ خدا زبانی
  ".خداوند، میں ضرورت آپ کے لیے یہ"
- انکار کو بھروسہ صرف پر تجربہ یا مہارت کا

انحصار ہے نہیں کمزوری - یہ ہے حکمت

گروپ بحث سوالات

1. کیوں کرتا ہے افادیت اکثر کمزور انحصار؟
2. کیسے کر سکتے ہیں روحانی کامیابی بنائیں روحانی کمزوری؟
3. کیا مشقیں مدد برقرار رکھنا قربت کے ساتھ خدا نمہ داری کے درمیان ؟

دعا

. باپ، میں اقرار کہ میں کبھی کبھی بھروسہ پر کیا آپ ہے دیا میں آپ کے بجائے
بحال کریں۔ میرا انحصار
سکھائیں میں کو باقی منسلک کو آپ میں تمام چیزیں میں
آزادی سے زیادہ قربت کا انتخاب کرتا ہوں۔
آمین

پیشن گوئی اعلان

میں باقی منحصر پر خدا
میرا کافی ہے نہیں میں میرا صلاحیت لیکن میں اس کا فضل
پھل قربت سے آتا ہے، کوشش سے نہیں۔
میں رہنا میں مسیح روزانہ

اطاعت TO عزم

آج، میں عزم کو برقرار میں مسیح
میں مرضی نہیں اعتماد میرا افادیت مزید سے خدا کا موجودگی میں
منتخب کریں انحصار پر ہر مرحلہ کی پھلداری

دن بارہ TO دیکھ رہا ہے آگے

جیسا کہ آگسٹین رہ گیا منحصر خدا اجازت دی اسے کو چہرہ افادیت یا ناکامی سے زیادہ
گہری چیز:

تصحیح۔

تطہیر حقیقت a کل ہم مرضی سامنا کرنا:

وفادار نوکر وصول کریں اصلاح بغیر مزاحمت؟ a کیسے کرتا ہے

دن بارہ

جب خُدا اپنے بھروسے والوں کو درست کرتا ہے ۔

ای وائی فوکس صحیفے

K " کے لیے کسے دی رب محبت کرتا ہے وہ سزا دیتا ہے اور کوڑے ہر بیٹا "جسے وہ حاصل کرتا ہے۔

— عبرانیوں 12:6

" جیسے بہت سے کے طور پر میں محبت، میں ڈانٹ اور سزا دینا اس لیے ہونا پرجوش اور توبہ "کرو۔

— وحی 3:19

".مہربانی a نیک آدمی ہڑتال میں یہ کرے گا ہونا a چلیں"

— زبور 141:5

" تمام صحیفہ خدا کے الہام سے دیا گیا ہے، اور عقیدہ کے لیے مفید ہے ۔ ملامت، کے لیے ".اصلاح، کے لیے ہدایت میں صداقت

— ثموتھی 2 3:16

آگسٹائنز رہتے تھے۔ لمحہ

جیسے جیسے **ہپو کا آگسٹین اثر اور ذمہ داری میں بڑھتا گیا، خدا نے** اس کی زندگی سے اصلاح کو نہیں ہٹایا۔

وہ اضافہ ہوا یہ

تصحیح آیا کے ذریعے صحیفہ۔ قابل اعتماد

آوازوں کے ذریعے۔

کے ذریعے حالات کہ بے نقاب اندھا دھبے

آگسٹین نے اصلاح کو مسترد کرنے سے تعبیر نہیں کیا۔ اس نے اسے بطور **ثبوت تسلیم کیا۔ کی بھروسہ** خدا درست کرتا ہے کیا وہ ارادہ رکھتا ہے کو رکھنا وہ نظم و ضبط جو وہ استعمال کرنے کا ارادہ رکھتا ہے۔

مزاحمت کرنے کے بجائے، آگسٹین نے اصلاح کی۔ کیا نہیں کم کرنا اس کا اتھارٹی اس نے اسے بہتر کیا۔

ندگی سبق

نشان کی اولاد، نہیں ناکامی a تصحیح ہے

جن کو خُدا بے اصلاح چھوڑ دیتا ہے وہ تیار نہیں ہو رہے ہیں — وہ ہو رہے ہیں۔ چھوڑ دیا

کیلے صحیفہ بناتا ہے یہ واضح: اصلاح ہے ثبوت کی رشتہ

روحانی پختگی ہے نہیں انکشاف کی طرف سے دی غیر موجودگی کی اصلاح، لیکن کی طرف سے دی

جواب کو یہ

اصلاح فخر کو پست کرتی ہے ، فہم کو ، تیز کرتی ہے

اور نتیجہ خیزی کو محفوظ رکھتی ہے ۔

آئینہ لمحہ)ذاتی عکاسی(

:عکاسی کرنا ایمانداری سے

- کیسے کرو آپ عام طور پر جواب دیں کو اصلاح
- کرو آپ وصول کریں ڈانٹ دفاعی طور پر یا سمجھداری سے؟
- ہے خدا رہا اجاگر کرنا ایک علاقہ کہ کی ضرورت ہے ایڈجسٹمنٹ؟

کرو نہیں جلدی ماضی یقین وصول کریں۔ یہ کے طور پر محبت

ایکشن کے لیے اطاعت

آج، مشق **سکھانے کی** صلاحیت

- دعوت دیں۔ خدا کو تلاش کریں آپ کا دل)زبور 23:139-24(
- سنو احتیاط سے کو صحیفہ اور مشورہ
- اگر اصلاح ہے صاف جواب دیں بغیر تاخیر

تصحیح ریچھ پھل جب یہ ہے کام کیا پر

گروپ بحث سوالات

1. کیوں کرتا ہے اصلاح محسوس دھمکی دینے والا کو دی انا
2. کیسے کر سکتے ہیں اصلاح محفوظ کرنا طویل مدتی نتیجہ خیزی؟
3. کیا تمیز کرتا ہے دیندار اصلاح سے مذمت؟

دعا

باپ، شکریہ آپ کے لیے پیار کرنے والا میں کافی کو درست میں ہٹا دیں۔ دفاعی سے میرا دل

سکھائیں میں کو وصول کریں ہدایت کے ساتھ عاجزی اور شکر گزاری

برتن آپ کر سکتے ہیں اعتماد a شکل میں میں
آمین

پیشن گوئی اعلان

میں وصول کریں خدا کا اصلاح کے ساتھ عاجزی تصحیح
.مجھے بہتر کرتی ہے۔ یہ مجھے مسترد نہیں کرتا
میں بڑھنا مضبوط کے ذریعے خدا کا پیار کرنے والا نظم
و ضبط میں رب کے سامنے قابل تعلیم رہتا ہوں۔

اطاعت TO عزم

آج، میں بغیر مزاحمت کے اصلاح حاصل کرنے کا عہد کرتا ہوں۔ میں
مرضی جواب دیں جلدی سے کہاں خدا مجرموں میں
میں منتخب کریں ترقی ختم فخر

دن تیرہ TO دیکھ رہا ہے آگے

جیسا کہ آگسٹین جمع کرایا کو اصلاح، خدا شروع ہوا کو گہرا قیادت اور لمبی عمر کے لیے ضروری چیز

ہمدردی۔

:کل ہم مرضی دریافت کریں

ذریعہ کی نرمی بلکہ سے تلخی a کیسے ٹوٹنا بن جاتا ہے

دن تیره

ہمدردی TO سے ٹوٹ پھوٹ

K

ای وائی فوکس صحیفے

".مبارک ہیں دی رحم کرنے والا کے لیے وہ کرے گا حاصل کریں رحم"

— میتھیو 5:7

کسی بھی مصیبت میں مبتلا لوگوں کو اس تسلی کے ساتھ تسلی دیں جو ہم خود خدا سے حاصل "
"کرتے ہیں۔

— کرنتھیوں 2 1:4

".یاد رکھنا وہ ڈبلیو ایچ او ہیں پابند کے طور پر اگر پابند کے ساتھ انہیں"

— عبرانیوں 13:3

".اے زخمی سرکنڈہ وہ مرضی نہیں توڑ"

— یسعیاہ 42:3

آگسٹائنز رہتے تھے۔ لمحہ

.جیسا کہ **آگسٹین کی ہپو** پختہ میں ایمان، کچھ خاموش لیکن گہرا ہوا
اس کا ماضی روک دیا الزام لگانا وہ ۔ اور شروع کیا **ہدایت وہ**
آگسٹین بھولا نہیں تھا کہ وہ کون تھا۔ اس نے فضل کو اپنی کہانی کی دوبارہ تشریح کرنے کی اجازت دی۔ وہی ناکامیاں جو کبھی شرمندگی پیدا کرتی تھیں اب ہمدردی پیدا کرتی ہیں۔ دی . ایک ہی جدوجہد کہ ایک بار غلامی اسے اب مدد کی اسے پہچان درد دوسروں میں

اس نے ظلم کے بغیر غلطی کو درست کیا۔ وہ
سامنا کرنا پڑا گناہ بغیر توہین
اس نے بے صبری کے بغیر کمزوروں کی رہنمائی کی۔ ٹوٹ
پھوٹ، شفا کی طرف سے فضل، بن گیا ہمدردی

زندگی سبق

چنگا ٹوٹنا پیدا کرتا ہے نرمی نہیں برتری

خدا کرتا ہے نہیں مٹانا ہمارے ماضی وہ چھڑاتا ہے یہ جب ٹوٹنا ہے کو جمع کرایا فضل، یہ رکاوٹ ہمدردی ہے پیدا ہوا نہیں فاصلے سے ، لیکن یاد سے a پل بلکہ سے a بن جاتا ہے

. وہ ڈبلیو ایچ او بھول جاؤ کہاں وہ تھے بچایا سے اکثر کھونا صبر دوسروں کے ساتھ

وہ ڈبلیو ایچ او یاد رکھیں بن نرم بغیر بننا اجازت دینے والا

آئینہ لمحہ)ذاتی عکاسی(

:عکاسی کرنا دعا کے ساتھ

- کیا حصے کی آپ کا ماضی ہے خدا پہلے ہی چھڑا لیا؟
- جہاں ہو سکتا ہے آپ کا شفا زخم ہونا مطلب کو خدمت کریں دوسروں؟
- کرو آپ درست دوسرے کے ساتھ صبر یا مایوسی؟

پوچھو خدا کو سیدھ میں لانا آپ کا دل کے ساتھ اس کا

ایکشن کے لیے اطاعت

آج، مشق **جان بوجھ کر ہمدردی**

- شناخت کریں۔ ایک شخص ڈبلیو ایچ او ہے جدوجہد
- جواب دیں۔ کے ساتھ صبر بلکہ سے فیصلہ
- پیشکش موجودگی، دعا، یا حوصلہ افزائی

چلو فضل بہاؤ ظاہری کے طور پر یہ ایک بار بہہ گیا کو آپ

گروپ بحث سوالات

1. کیسے کر سکتے ہیں یاد رکھنا ہمارے ماضی حفاظت ہم سے روحانی فخر
2. کیا ہے دی فرق کے درمیان ہمدردی اور سمجھوتہ؟
3. کیسے کرتا ہے خدا استعمال کریں ہمارے کہانیاں کو خدمت کریں دوسروں؟

دعا

باپ، شکریہ آپ کے لیے چھڑانا میرا ٹوٹنا سکھائیں میں کو
توسیع دی ایک ہی رحم میں ہے موصول میرے دل کو سختی
سے بچا۔
چلو ہمدردی بہاؤ کے ذریعے میں کے طور پر ثبوت کی آپ کا فضل آمین

پیشن گوئی اعلان

میرا دل عکاسی کرتا ہے دی رحم کی خدا
فضل ہے تبدیل میرا ٹوٹنا میں ہمدردی میں جواب دیں کو دوسرے
کے ساتھ صبر اور محبت
دی رحم میں ہے موصول ہوا میں آزادانہ طور پر دینا

اطاعت TO عزم

آج، میں عزم کو چلنا ہمدردی میں
میں مرضی نہیں بھول جاؤ کہاں خدا بچایا میں سے میں
منتخب کریں نرمی شکل کی طرف سے سچائی

دن چودہ TO دیکھ رہا ہے آگے

نیا کشیدگی :**کیسے؟ کرو آپ محبت** a جیسا کہ ہمدردی گہرا آگسٹین سامنا ہوا
:**لوگ گہرائی سے بغیر ہارنا وضاحت کی سچ کل** ہم دریافت کریں گے
ہولڈنگ سچائی اور محبت بغیر سمجھوتہ

دن چودہ سچائی بولا گیا۔ میں

محبت

ای وائی فوکس صحیفے

K " بول رہا ہے۔ دی سچائی میں محبت، ہم ہو سکتا ہے بڑھنا اوپر میں تمام چیزیں
ین وہ جو سر ہے - مسیح۔

— افسیوں 4:15

"چلیں آپ کا تقریر ہمیشہ ہونا کے ساتھ فضل، تجربہ کار نمک کے ساتھ۔"

— کولسیوں 4:6

"دوست۔ a وفادار ہیں دی زخم کی"

— کہاوتیں 27:6

"دی حکمت کہ ہے سے اوپر ہے پہلے خالص، پھر پرامن، نرم۔"

— جیمز 3:17

آگسٹائنز رہتے تھے۔ لمحہ

جیسا کہ **آگسٹین کی ہپو** پختہ، وہ تھا تیزی سے بلایا کو غلطی کا سامنا کرنا، الجھاؤ،
ر گناہ - دونوں میں افراد اور میں دی چرچ

وہ سخت سچائی کے خطرے کو جانتا تھا۔ وہ

بھی جانتا تھا دی خطرہ کی خاموش محبت

آگسٹین تھا رہتے تھے پر دونوں اطراف وہ تھا ایک بار رہا درست کیا ہمدردی کے بغیر
ستہ کہ a اور تھا مزاحمت کی یہ اب، شکل کی طرف سے فضل، وہ سیکھا کو بولو سچ میں
عو کیا توبہ بلکہ سے دفاعی

وہ کیا نہیں پتلا سچائی کو محفوظ کرنا امن

وہ کیا نہیں ہتھیار بنانا سچائی کو دعوی کنٹرول وہ بولا

کے طور پر ایک ڈبلیو ایچ او تھا رہا شفا

زندگی سبق

سچائی اور محبت متضاد نہیں ہیں۔ وہ شراکت دار ہیں .محبت کے
بغیر سچائی ظلم بن جاتی ہے۔
محبت بغیر سچائی بن جاتا ہے سمجھوتہ

روحانی پختگی ہے انکشاف نہیں کی طرف سے گریز مشکل بات چیت، لیکن ہم ان کو کس **طرح مشغول کرتے ہیں۔** کلام سکھاتا ہے کہ ترقی اس وقت ہوتی ہے جب سچائی کو عاجزی، صبر اور دوسرے شخص کی بحالی کے لیے حقیقی فکر کے ساتھ بولا جاتا ہے۔

محبت **لہجے کا تعین کرتی ہے** ۔

. سچائی **سمت** کا تعین کرتا ہے

آئینہ لمحہ)ذاتی عکاسی(

:عکاسی کرنا ایمانداری سے

- کرو آپ بچنا سچائی کو رکھنا امن؟
- یا کرو آپ بولو سچائی بغیر حوالے کے لیے کوملتا
- کیسے کرتا ہے آپ کا لہجہ عکاسی آپ کا دل

.دعوت دیں۔ خدا کو تلاش کریں دونوں آپ کا الفاظ اور آپ کے مقاصد

ایکشن کے لیے اطاعت

آج، مشق **سچا محبت**

- شناخت کریں۔ ایک بات چیت آپ ہے گریز یا غلط طریقے سے
- دعا کریں۔ کے لیے عاجزی اور وضاحت
- اگر مناسب، لے لو ایک قدم کی طرف ایماندار، مہربان مکالمہ

کرو نہیں مقصد کو جیت مقصد کو بحال

گروپ بحث سوالات

1. کیوں ہے یہ مشکل کو پکڑو سچائی اور محبت ایک ساتھ؟
2. کیسے کرتا ہے خوف اثر و رسوخ ہمارے مواصلات؟
3. کیا تمیز کرتا ہے دیندار اصلاح سے ذاتی تنقید؟

دعا

باپ، سکھانا میں کو بولو سچائی کے طور پر آپ کرو

ہٹا دیں۔ سختی سے میرا الفاظ اور خوف سے میرا اطاعت چلو محبت شکل

میرا لہجہ اور سچائی گائیڈ میرا پیغام

استعمال کریں۔ میرا الفاظ کو شفا نہیں نقصان

آمین

شن گوئی اعلان

میرا الفاظ عکاسی دی دل کی مسیح میں
محبت اور وضاحت کے ساتھ سچ بولتا
ہوں۔
خدا استعمال کرتا ہے میرا آواز کو لانا بحالی
میں بڑھنا میں پختگی کے ذریعے فرمانبردار مواصلات

اطاعت TO عزم

آج، میں عزم کو بولنا سچائی میں محبت
میں ایمانداری سے گریز نہیں کروں گا اور نہ ہی ہمدردی
کو ترک کروں گا۔ میں مسیح کی طرح مواصلات کا
انتخاب کرتا ہوں۔

دن پندرہ TO دیکھ رہا ہے آگے

:جیسا کہ آگسٹین جاری رکھا کو قیادت وہ سامنا کرنا پڑا ایک اور چیلنج

کیا ہوتا ہے جب اطاعت اخراجات شہرت، سکون، یا حفاظت؟

:کل ہم مرضی دریافت کریں

گنتی دی لاگت بغیر پیچھے ہٹنا سے وفاداری

دن پندرہ
لاگت آف وفادار اطاعت The

ای وائی فوکس صحیفے
K"کوئی بھی کرتا ہے نہیں ریچھ اس کا کراس اور آو کے بعد مجھے نہیں کر سکتا
ہونا میرا
"شاگرد۔
لیوک 14:27 -
"ہاں، اور تمام ڈبلیو ایچ او خواہش کو زندہ دیندار میں مسیح یسوع مرضی شکار ظلم و ستم۔"
— ٹموتھی 2 3:12
"چلیں ہم جاؤ آگے کو وہ، باہر دی کیمپ اثر اس کا ملامت۔"
— عبرانیوں 13:13
آدمی اگر وہ فوائد دی پوری دنیا اور کھو دیتا ہے اس کا اپنی a کے لیے کیا مرضی یہ منافع"
"جان؟
— نشان 8:36
آگسٹائنز رہتے تھے۔ لمحہ
آگسٹین کے طور پر **کی ہیو وفاداری میں بڑھتا گیا، اطاعت اس کی** کوشش سے زیادہ مہنگی پڑنے لگی ۔
یہ لاگت اسے آرام یہ
اسے آسانی سے خرچ
کرتا ہے۔
یہ لاگت اسے منظوری
حق کے لیے کھڑے ہونے سے مخالفت ہوئی۔ وفاداری سے چرواہا کرنے سے غلط فہمی پیدا ہوئی۔ انکار کرنا سمجھوتہ مدعو کیا تنقید آگسٹین یہ سیکھا اطاعت کرتا ہے نہیں ہمیشہ لیڈ کو تالیاں ۔ اکثر، یہ لیڈز کو علیحدگی۔
پھر بھی وہ کیا نہیں پیچھے ہٹنا
.وہ تھا پہلے ہی سیکھا کہ سمجھوتہ اخراجات مزید سے اطاعت کبھی کرے گا

ندگی سبق

لاگت - لیکن نافرمانی اخراجات مزید a فرمانبرداری ہمیشہ لے جاتا ہے

یسوع کبھی نہیں چھپایا دی قیمت کی شاگردی دی کال کو پیروی کریں اسے شامل ہیں ضامندی کو کھونا کیا نہیں کر سکتے ہونا رکھا میں حکم کو حاصل کیا نہیں کر سکتے ہونا کھو یا

وفادار اطاعت ٹیسٹ کیا ہم واقعی قدر:

- شہرت یا راستبازی
- آرام یا کال کرنا
- قبولیت یا بیعت

جب اطاعت بن جاتا ہے مہنگا، یہ ظاہر کرتا ہے ڈبلیو ایچ او ہم خدمت کریں

آئینہ لمحہ)ذاتی عکاسی(

عکاسی کرنا ایمانداری سے:

- جہاں ہے اطاعت پہلے ہی لاگت آپ کچھ؟
- کیا نقصان ہیں آپ سب سے زیادہ ڈرنا کی اگر آپ پیروی کریں خدا مکمل طور پر؟
- ہے آپ کبھی گریز اطاعت کو حفاظت آرام یا شہرت؟

چلو یہ سوالات سطح سچائی بغیر خوف

ایکشن کے لیے اطاعت

آج، تسلیم کرنا دی لاگت - لیکن منتخب کریں اطاعت بہرحال

- شناخت کریں۔ ایک علاقہ کہاں اطاعت محسوس کرتا ہے مہنگا
- نام دی خوف منسلک کو یہ
- ہتھیار ڈالنا کہ خوف کو خدا جان بوجھ کر

وفا داری بڑھتا ہے جب اطاعت ہے منتخب کیا باوجود لاگت

گروپ بحث سوالات

1. کیوں کرو ہم توقع اطاعت کو ہونا آسان؟
2. کیسے کرتا ہے خوف کی نقصان شکل ہمارے فیصلے؟
3. کیا مدد کرتا ہے مومنین برداشت کرنا دی لاگت کی وفاداری؟

دعا

باپ، میں اقرار کہ میں کبھی کبھی خوف دی لاگت کی اطاعت قیمت سے قطع نظر آپ کی پیروی کرنے کے میرے عزم کو مضبوط کریں۔ مدد میں قدر وفاداری اوپر آرام

میں منتخب کریں بیعت کو آپ اوپر تمام اور آمین

پیشن گوئی اعلان

میں منتخب کریں اطاعت ختم آرام

دی لاگت کی وفاداری مرضی نہیں روکنا میں خدا

ہے میرا انعام، نہیں منظوری سے دوسرے میں مکمل

طور پر مسیح کی پیروی کرتا ہوں۔

اطاعت TO عزم

آج، میں عزم کو وفادار اطاعت

جب اطاعت مہنگی پڑ جائے تو میں پیچھے نہیں ہٹوں گا۔

میں منتخب کریں دی کراس ختم سمجھوتہ

دن سولہ TO دیکھ رہا ہے آگے

جیسا کہ آگسٹین برداشت کیا دی لاگت کی اطاعت، خدا مضبوط اسے کسی چیز کے ساتھ ضروری:

استقامت۔

کل ہم مرضی دریافت کریں:

طویل سڑک a کیسے وفاداری ہے برقرار جب اطاعت بن جاتا ہے

دن سولہ

ثابت قدم رہنا TO گریس The

K

ای وائی فوکس صحیفے

".چلیں ہم چلائیں کے ساتھ برداشت دی دوڑ کہ ہے سیٹ پہلے ہم"

— عبرانیوں 12:1

"وہ ڈبلیو ایچ او برداشت کرتا ہے کو دی اختتام کرے گا ہونا بچایا۔"

— میتھیو 24:13

اور دو ہم نہیں بڑھنا تھکا ہوا جبکہ کر رہا ہے اچھا کے لیے میں واجب الادا موسم ہم "
اٹیں گے اگر ہم کرو نہیں کھونا دل۔

— گلیاتیوں 6:9

".ہو وفادار تک موت، اور میں مرضی دینا آپ دی تاج کی زندگی"

— وحی 2:10

آگسٹائنز رہتے تھے۔ لمحہ

آگسٹین کے لیے وقت کے ساتھ فرمانبرداری آسان نہیں تھی۔ **کی ہپو یہ لمبا ہو گیا ۔**
دی جلد شدت کی ہتھیار ڈالنا دیا راستہ کو روزانہ وفاداری وہاں کوئی ڈرامائی موڑ نہیں
ا ۔ صرف مستقل مزاجی۔ پڑھانا۔ چرواہا درست کرنا۔ نماز پڑھنا۔ برداشت کرنے والا۔
آگسٹین سیکھا کہ تبدیلی ہے نہیں برقرار کی طرف سے جذبہ اکیلے یہ ہے برقرار کی
رف سے **فضل سے فعال استقامت**
وہاں تھے دن کی تھکاوٹ دن جب اپوزیشن محسوس کیا بھاری دن جب ترقی لگ رہا تھا
ست پھر بھی آگسٹین رہ گیا ۔ نہیں کیونکہ وہ تھا مضبوط، لیکن کیونکہ خدا وفادار تھا۔

زندگی سبق

استقامت ہے فضل اظہار کیا ختم وقت

بہت سے مومنین اچھی شروعات کرتے ہیں لیکن جب فرمانبرداری دہرائی جاتی ہے تو تھک جاتے ہیں۔ اور غیب صحیفہ یاد دلاتا ہے ہم کہ برداشت ہے نہیں اختیاری - یہ ہے ضروری

خدا کرتا ہے نہیں پوچھنا ہم کو ہونا شاندار وہ

ہم سے وفادار رہنے کو کہتا ہے۔

استقامت ہے نہیں ضدی کوشش یہ ہے جاری رکھا انحصار پر طاقت ختم ہونے پر فضل۔

آئینہ لمحہ)ذاتی عکاسی(

:عکاسی کرنا ایمانداری سے

- جہاں ہے آپ بڑھا ہوا تھکا ہوا میں اطاعت؟
- کیا وفاداری محسوس کرتا ہے کسی کا دھیان نہیں یا غیر انعام یافتہ؟
- ہے آپ غلط سستی کے لیے ناکامی؟

آپ کا نقطہ نظر reframe چلو خدا

ایکشن کے لیے اطاعت

آج، دوبارہ کرنا کو **مسلسل وفاداری**

- شناخت کریں۔ ایک علاقہ کہاں آپ ہے محسوس کیا تھکا ہوا یا حوصلہ شکنی
- لاؤ یہ پہلے خدا ایمانداری سے
- منتخب کریں۔ کو جاری رکھیں — بغیر انتظار کے لیے تجدید شدہ جذبات

برداشت اکثر پہلے تجدید

گروپ بحث سوالات

1. کیوں ہے استقامت مشکل سے شروع ٹھیک ہے؟
2. کیسے کرتا ہے برداشت شکل روحانی پختگی؟
3. کیا مشقیں مدد مومنین باقی وفادار ختم وقت

دعا

باپ، میں اقرار کہ میں کبھی کبھی بڑھنا تھکا ہوا میں کر رہا ہے اچھا

مضبوط کرنا میں کے ساتھ آپ کا فضل کو برداشت کرنا

سکھائیں میں کو اعتماد دی عمل آپ ہیں کام کرنا میں میرا زندگی

میں منتخب کریں وفاداری ختم احساس آمین

پیشن گوئی اعلان

میں چلائیں میرا دوڑ کے ساتھ
برداشت خدا کا فضل برقرار رکھتا
ہے میں روزانہ
میں کرو نہیں بڑھنا تھکا ہوا یا کھونا دل
میں ختم کیا خدا ہے سپرد کو میں

اطاعت TO عزم

آج، میں عزم کو استقامت
میں مرضی باقی وفادار یہاں تک کہ جب ترقی محسوس کرتا
ہے سست میں اعتماد خدا کا ٹائمنگ اور اس کا کام میں میں

دن سترہ TO دیکھ رہا ہے آگے

:جیسا کہ استقامت گہرا آگسٹین سیکھا ایک اور ضروری حقیقت

وفا داری کرتا ہے نہیں ختم روحانی اپوزیشن

:کل ہم مرضی دریافت کریں

.کیسے کو کھڑے ہو جاؤ فرم جب مزاحمت تیز کرتا ہے

دن سترہ کھڑے ہیں ۔ فرم انڈر دباؤ

K

ای وائی فوکس صحیفے

ہو ہوشیار، ہونا چوکس کیونکہ آپ کا مخالف دی شیطان چلتا ہے ایک گرجتے "
"ہوئے شیر کی طرح۔

— پطرس 5:8 1

"ہونا ہو گیا تمام، کو کھڑے ہو جاؤ۔"

— افسیوں 6:13

میں دی دنیا آپ مرضی ہے مصیبت لیکن ہونا کی اچھا خوش ہو جاؤ میں دنیا پر قابو پا"
"لیا ہے۔

— جان 16:33

".مزاحمت کرو دی شیطان اور وہ مرضی فرار سے آپ"

— جیمز 4:7

آگسٹائننز رہتے تھے۔ لمحہ

جیسا کہ **ہیپو کے آگسٹین** وفاداری میں ثابت قدم رہے، مخالفت ختم نہیں ہوئی بلکہ اس کی **شکل بدل گئی** ۔

وہاں تھے بیرونی دباؤ: تنقید، غلط فہمی، مزاحمت سچائی کو

اندرونی دباؤ تھے :تھکاوٹ، حوصلہ شکنی، نرمی کا لالچ یقین

آگسٹین نے سیکھا کہ جہاں فرمانبرداری مستقل ہوتی ہے وہاں روحانی مخالفت اکثر تیز ہو جاتی ہے۔ وفاداری اندھیرے سے تالیاں نہیں بھڑکاتی ۔ یہ مزاحمت کو بھڑکاتی ہے۔

پھر بھی آگسٹین نے دباؤ کو ناکامی سے تعبیر نہیں کیا۔ اس نے اسے تصدیق کے طور پر تسلیم کیا۔

زندگی سبق

دباؤ کرتا ہے نہیں مطلب آپ ہیں بند کورس

اکثر، یہ مطلب آپ ہیں بالکل کہاں آپ چاہئے ہونا

صحیفہ سکھاتا ہے کہ روحانی مزاحمت ہے حصہ کی دی عیسائی سفر دی دشمن کرتا
ے نہیں مخالفت کیا پوز نہیں دھمکی کھڑا ہے۔ فرم ہے نہیں آگے بڑھنے کے بارے میں
ارحانہ طور پر - یہ ہے کے بارے میں **انکار کو پیچھے ہٹنا**

فتح ہمیشہ آگے نہیں بڑھتی۔ کبھی کبھی یہ ہے بس
باقی وفادار

آئینہ لمحہ)ذاتی عکاسی(

عکاسی کرنا ایمانداری سے:

- جہاں ہے آپ محسوس کیا دباؤ کیونکہ کی اطاعت؟
- کون سی مزاحمت آپ کو سب سے زیادہ ترغیب دیتی ہے — چھوڑنے، سمجھوتہ کرنے، یا بڑھنے کے لیے تھکا ہوا
- ہے آپ غلط اپوزیشن کے لیے خدا کا نامنظور؟

دی جدوجہد reframe چلو خدا
ایکشن کے لیے اطاعت

آج، مشق **جان بوجھ کر مضبوطی**

- شناخت کریں۔ ایک علاقہ کہاں دباؤ ہے آزمائش آپ پیچھے ہٹنا
- دوبارہ تصدیق کریں۔ آپ کا اطاعت پہلے خدا
- اعلان کرنا بلند آواز:

"میں مرضی کھڑے ہو جاؤ۔"

کھڑا ہے۔ ہے ایک عمل کی ایمان
گروپ بحث سوالات

1. کیوں کرتا ہے وفاداری اکثر اپنی طرف متوجہ مزاحمت؟
2. کیسے کر سکتے ہیں مومنین سمجھنا کے درمیان اصلاح اور اپوزیشن؟
3. کیا مدد کرتا ہے آپ باقی مستحکم کے تحت روحانی دباؤ؟

دعا

باپ، مضبوط میں کو کھڑے ہو جاؤ فرم
مجھے بغیر کسی خوف کے مزاحمت کو پہچاننے کی سمجھ عطا کریں۔
کپڑا میں کے ساتھ ہمت برداشت، اور اعتماد میں آپ
میں اطاعت سے پیچھے نہیں ہٹوں گا۔ آمین

پیشن گوئی اعلان

میں کھڑے ہو جاؤ فرم ایمان میں
دباؤ مجھے اطاعت سے نہیں ہٹائے گا۔ خدا کا طاقت
برقرار رکھتا ہے میں کے تحت مزاحمت میں ہر
موسم میں وفادار رہتا ہوں۔

اطاعت TO عزم

آج، میں عزم کو کھڑا فرم
میں مرضی نہیں سمجھوتہ کے تحت دباؤ
. میں اعتماد خدا کو برقرار رکھنا میں کے طور پر میں وفادار رہو

دن اٹھارہ TO دیکھ رہا ہے آگے

:جیسا کہ آگسٹین کھڑا ہوا فرم وہ دریافت کیا کچھ ضروری
مزاحمت کر سکتے ہیں گہرا حکمت اگر ہم سنو ٹھیک ہے
:کل ہم مرضی دریافت کریں
کیسے خدا استعمال کرتا ہے تنازعہ اور چیلنج کو تیز کرنا سمجھداری

دن تصادم میں تشکیل پانے والی

اٹھارہ حکمت

K

ای وائی فوکس صحیفے

".اگر کوئی بھی کی آپ کمی ہے حکمت، دو اسے پوچھنا کی خدا"

— جیمز 1:5

دی حکمت کہ ہے سے اوپر ہے پہلے خالص، پھر پرامن، نرم، کرنے کے لئے تیار "
یداوار مکمل کی رحم اور اچھا پھل

— جیمز 3:17

"آدمی تیز کرتا ہے دی چہرہ کی اس کا دوست۔ a کے لیے لوہا تیز کرتا ہے لوہا تو"

— کہاوتیں 27:17

بیٹا، ابھی تک وہ سیکھا اطاعت کی طرف سے دی چیزیں جو اس نے تکلیف a اگرچہ وہ تھا"
ٹھائی۔

— عبرانیوں 5:8

آگسٹائنز رہتے تھے۔ لمحہ

تنازعہ بن گیا ایک کی خدا کا زیادہ تر مؤثر اساتذہ میں دی زندگی کی
سٹین کی ہپو

اختلاف نے اس کے صبر کا امتحان لیا۔
اپوزیشن نے اس کی سوچ کو نکھارا۔ تنقید
نے ان کے مقاصد کو بے نقاب کیا۔

آگسٹین نے سیکھا کہ حکمت آرام سے نہیں بلکہ **مصروفیت میں بنتی ہے** ۔ تنازعہ مجبور
ے کو جانچنا صحیفہ مزید گہرائی سے دعا زیادہ ایمانداری سے اور سنو مزید احتیاط سے یہ
ہیں لیا دور جذباتی جوابات اور ان کی جگہ فہم و فراست سے۔

وہ دریافت کیا کہ رد عمل جلدی سے اکثر کمزور کرتا ہے سچ، لیکن دانشمندی سے
اب دینا اسے مضبوط کرتا ہے۔

زندگی سبق

حکمت بڑھتا ہے کہاں عاجزی سنتا ہے

تنازعہ ظاہر کرتا ہے کیا علم اکیلے نہیں کر سکتے یہ بے نقاب کرتا ہے فخر، یقین کو واضح کرتا ہے، اور مومن کو ردعمل اور ردعمل کے درمیان فرق کرنے پر مجبور کرتا ہے۔

:خدا اکثر استعمال کرتا ہے تناؤ کو

- تیز کرنا سمجھداری
- پاک کرنا محرکات
- تفہیم کو گہرا کریں ۔

حکمت ہے نہیں دی غیر موجودگی کی تنازعہ - یہ ہے دی صلاحیت کو باقی وفادار، عاجز، اور اس کے اندر صاف.

آئینہ لمحہ)ذاتی عکاسی(

:عکاسی کرنا دعا کے ساتھ

- آپ عام طور پر تصادم کا جواب کیسے دیتے ہیں — دفاعی طور پر یا سمجھداری سے؟
- کیا حالیہ تناؤ ہو سکتا ہے خدا ہونا استعمال کرتے ہوئے کو بہتر آپ کا حکمت؟
- ہیں آپ مزید شوقین کو ہونا صحیح یا کو ہونا وفادار؟

چلو دی روح تلاش کریں آپ کا دل

ایکشن کے لیے اطاعت

جلدی ردعمل a **عقلمند جواب** ختم a آج، منتخب کریں

- موجودہ تنازعہ یا اختلاف a شناخت کریں۔
- توقف پہلے جواب دے رہا ہے
- پوچھو خدا کے لیے حکمت پہلے بولنا یا اداکاری

حکمت اکثر ظاہر کرتا ہے خود میں تحمل

گروپ بحث سوالات

1. کیوں کرتا ہے تنازعہ بے نقاب روحانی پختگی؟
2. کیسے کر سکتے ہیں تناؤ گہرا حکمت اس کے بجائے کی کڑواہٹ
3. کیا مشقیں مدد مومنین جواب دیں سمجھداری سے کے تحت دباؤ؟

عا

باپ، میں پوچھنا آپ کے لیے حکمت
سکھائیں میں کو سنو پہلے جواب دے رہا ہے
میرے دل کو بہتر بنانے اور میرے عقائد کو واضح کرنے کے لیے
تنازعات کا استعمال کریں۔ چلو آپ کا حکمت گائیڈ میرا الفاظ اور
اعمال

آمین

پیشن گوئی اعلان

مجھے خدا کی طرف سے حکمت ملتی
ہے۔ تنازعہ میری سمجھ کو تیز کرتا ہے۔
میں جواب دیں کے ساتھ وضاحت، عاجزی، اور
فضل خدا کا حکمت حکومت کرتا ہے میرا زندگی

اطاعت TO عزم

آج، میں حکمت کے ساتھ جواب دینے کا عہد کرتا ہوں۔
میں مرضی نہیں اجازت دیں تنازعہ کو سخت میرا
دل
میں منتخب کریں سمجھداری ختم ردعمل

دن انیس TO دیکھ رہا ہے آگے

:جیسا کہ آگسٹین بڑھا میں حکمت، خدا سپرد اسے کے ساتھ کچھ بھاری

دی دیکھ بھال کی روحیں

:کل ہم مرضی دریافت کریں

کیا یہ مطلب کو لے جانا ذمہ داری کے لیے دوسرے پہلے خدا

دن انیس

روحوں کو اٹھانا، نہ صرف رائے

ای وائی فوکس صحیفے

K" اطاعت کرو وہ ڈبلیو ایچ او حکمرانی ختم تم، اور ہونا مطیع، کے لیے وہ گھڑی "کے لئے باہر آپ کا روحیں کے طور پر وہ ڈبلیو ایچ او ضروری ہے دینا اکاؤنٹ۔

— عبرانیوں 13:17

".چرواہا دی ریوڑ کی خدا جو ہے درمیان آپ"

— پطرس 1 5:2

"ریچھ ایک دوسرے کا بوجھ اور تو پورا دی قانون کی مسیح۔"

— گلیاتیوں 6:2

"ڈبلیو ایچ او ہے کافی کے لیے یہ چیزیں؟"

— کرنتھیوں 2 2:16

آگسٹائنز رہتے تھے۔ لمحہ

جیسے جیسے **ہپپو کا آگسٹین** حکمت اور اثر و رسوخ میں پختہ ہوتا گیا، وہ تیزی سے ایک سنجیدہ سچائی سے واقف ہوتا گیا:

وہ اب صرف خیالات سے کام نہیں لے رہا تھا۔ وہ
لوگوں سے نمٹ رہا تھا ۔

ہر لفظ وہ سکھایا شکل ضمیر ہر فیصلے نے زندگی کو
متاثر کیا۔

ہر سمجھوتہ - یا واضح - تھا نتائج اس سے آگے خود

آگسٹین نے سیکھا کہ روحانی قیادت دلائل جیتنے یا عہدوں کا دفاع کرنے کے بارے میں نہیں ہے۔ یہ **روحوں کو خدا کے سامنے لے جانے کے بارے میں ہے** ۔ اس احساس نے اسے بہت گھرا کر دیا۔ ذمہ داری کے وزن نے اس کے اعتماد میں اضافہ نہیں کیا۔ اس نے اس کی انحصار میں اضافہ کیا.

وہ سمجھ گیا کہ آراء کر سکتے ہیں ہونا بحث ہوئی — لیکن روحیں ضروری ہے ہونا
چرواہا

ندگی سبق

خدا سپرد کرتا ہے لوگ نہیں پلیٹ فارمز

سچائی کے بارے میں پرجوش اور لوگوں سے لاپرواہ ہونا ممکن ہے۔ صحیفہ مستقل طور پر خبردار کرتا ہے کہ قیادت اور اثر و رسوخ کی پیمائش صرف درستگی سے نہیں، بلکہ **احتیاط سے کی جاتی ہے۔**

لے جانے والا روحیں مطلب:

- سن رہا ہے۔ پہلے بولنا
- سرونگ دعوی کرنے سے پہلے
- نماز پڑھنا پہلے اداکاری

اثر انداز ہونا بغیر محبت بن جاتا ہے کنٹرول بے پرواہ سچ بوجھ بن جاتا ہے۔

خدا کالز اس کا نوکر کو چرواہا دل، نہیں محض ریاست یقین

آئینہ لمحہ)ذاتی عکاسی(

عکاسی کرنا ایمانداری سے:

- ڈبلیو ایچ او ہے خدا سپرد کو آپ کا اثر و رسوخ؟
- کرو آپ دیکھیں لوگ کے طور پر ذمہ داریاں یا رکاوٹیں؟
- ہیں آپ کا الفاظ شکل مزید کی طرف سے یقین یا کی طرف سے دیکھ بھال

چلو یہ سوالات تلاش کریں آپ کا محرکات

ایکشن کے لیے اطاعت

آج، مشق **جان بوجھ کر چرواہا**

- شناخت کریں۔ ایک شخص خدا ہے رکھا میں آپ کا دیکھ بھال یا اثر و رسوخ
- دعا کریں۔ کے لیے انہیں خاص طور پر کی طرف سے نام
- پہنچنا باہر کے ساتھ حوصلہ افزائی، سننا، یا حمایت

لے جانے والا روحیں شروع ہوتا ہے کے ساتھ توجہ

گروپ بحث سوالات

1. کیوں ہے یہ آسان کو دفاع آراء سے کو دیکھ بھال کے لیے لوگ؟
2. کیسے کرتا ہے روحانی ذمہ داری گہرا عاجزی؟

3. کون سے طرز عمل قائدین کو کنٹرول کرنے کی بجائے چرواہے رہنے میں مدد کرتے ہیں ؟

دعا

ابا، مجھے یاد دلائیں کہ لوگ دلائل سے زیادہ اہمیت رکھتے ہیں۔ مجھے عاجزی اور نگہداشت کے ساتھ دلوں کو سنبھالنا سکھائیں۔
گارڈ میں سے فخر، سختی یا بے حسی
جو کچھ تو نے میرے سپرد کیا ہے اسے وفاداری سے چرانے میں میری مدد کر۔ آمین

پیشن گوئی اعلان

میں لوگوں کو عاجزی اور محبت کے ساتھ لے
جاتا ہوں۔ خدا نے مجھے روحیں سونپی ہیں، نہ
صرف خیالات۔ میرا اثر و رسوخ عکاسی کرتا ہے
دی دل کی مسیح
میں چرواہا ایمانداری سے کیا خدا ہے رکھا میں میرا دیکھ بھال

اطاعت TO عزم

آج، میں لوگوں کی دیکھ بھال کرنے کا عہد کرتا ہوں، نہ کہ صرف عہدوں کا دفاع کرتا ہوں۔ میں مرضی چرواہا کے ساتھ صبر دعا، اور محبت
میں منتخب کریں ذمہ داری شناخت سے زیادہ

دن بیس TO دیکھ رہا ہے آگے

:جیسا کہ آگسٹین لے گئے دی وزن کی روحیں وہ سیکھا ایک اور تنقیدی سبق

قیادت کی ضرورت ہے گہرا عاجزی کو باقی صحت مند

:کل ہم مرضی دریافت کریں

نوکر کے تحت ذمہ داری a کیسے خدا محفوظ کرتا ہے دی دل کی

دن بیس

وہ عاجزی جو قیادت کو برقرار رکھتی ہے۔

K

ای وائی فوکس صحیفے

".خدا مزاحمت کرتا ہے دی فخر، لیکن دیتا ہے فضل کو دی عاجز"

— جیمز 4:6

"کوئی بھی خواہشات کو بن بہت اچھا درمیان تم، دو اسے ہونا آپ کا نوکر۔"

— میتھیو 20:26

"وہ ضروری ہے اضافہ لیکن میں ضروری ہے کمی"

— جان 3:30

"کیا کرو آپ ہے کہ آپ کیا نہیں وصول کرتے ہیں؟"

— کرنتھیوں 1 4:7

آگسٹائنز رہتے تھے۔ لمحہ

اپنی زندگی کے اس مرحلے تک، **ہپپو کے آگسٹین** نے وزن اٹھایا——روحانی، فکری، اور

ری۔

لوگوں نے اسے ٹال دیا۔ چرچ اس پر
ٹیک لگائے ہوئے تھے۔ بحثیں اس کی
طرف وضاحت کے لیے دیکھتی تھیں۔
اور آگسٹین جانتا تھا کچھ خطرناک تھا ممکن
قیادت آہستہ آہستہ ایک شخص کو قائل کر سکتی ہے کہ وہ ضروری ہیں۔ اس کے نتائج
پر منحصر ہیں۔ یہ اثر ان کا ہے۔ آگسٹین نے اس کی مخالفت کی۔ خاموشی سے لیکن جان
کر کی یہ a بوجھ کر وہ یاد دلایا خود - اکثر - کہ وہ تھا نہیں ذریعہ کی سچ، لیکن
عاجزی تھا نہیں اختیاری کے لیے اسے
یہ بقا تھی۔

زندگی سبق

کال کرنا بغیر عاجزی آخر کار گر جاتا ہے

قیادت صرف قابلیت سے نہیں بلکہ خدا پر مسلسل انحصار سے قائم رہتی ہے۔ صحیفہ واضح ہے :فضل وہاں بہتا ہے جہاں عاجزی باقی رہتی ہے، لیکن مزاحمت آتا ہے کہاں فخر لیتا ہے جڑ

:عاجزی رکھتا ہے قیادت

- قابل تعلیم
- جوابدہ
- منحصر
- محفوظ

جب عاجزی کٹ جاتا ہے یہاں تک کہ اچھا قیادت بن جاتا ہے خطرناک

آئینہ لمحہ)ذاتی عکاسی(

:عکاسی کرنا احتیاط سے

- جہاں ہے خدا سپرد آپ کے ساتھ ذمہ داری یا اثر و رسوخ؟
- کیسے کرو آپ گارڈ آپ کا دل کے خلاف فخر
- کرو آپ اب بھی پہچان سب کچھ آپ ہے کے طور پر موصول ہوا نہیں کمایا؟

چلو خدا جانچنا نہیں صرف آپ کا اعمال، لیکن آپ کا کرنسی

ایکشن کے لیے اطاعت

آج، مشق **جان بوجھ کر عاجزی**

- تسلیم کرتے ہیں۔ ایک علاقہ کہاں آپ محسوس پر اعتماد یا قائم
- شکریہ خدا واضح طور پر کے لیے یہ
- دعوت دیں۔ اس کا جاری رہنمائی اور اصلاح

عاجزی بڑھتا ہے کہاں شکر گزاری زندگی

گروپ بحث سوالات

1. کیوں ہے فخر اکثر ٹھیک ٹھیک میں قیادت؟
2. کیسے کرتا ہے عاجزی حفاظت طویل مدتی نتیجہ خیزی؟
3. کیا مشقیں مدد رہنما باقی منحصر پر خدا؟

دعا

باپ، میں تسلیم کرنا کہ سب کچھ میں ہے آتا ہے سے آپ گارڈ میرا دل سے
فخر اور خود انحصاری
مجھے عاجزی کے ساتھ رہنمائی کرنا، خدمت کرنا اور
اطاعت کرنا سکھاؤ۔ میری زندگی پر فضل قائم رہے۔
آمین

پیشن گوئی اعلان

میں چلنا میں عاجزی پہلے خدا
فضل میری دعوت اور میرے اثر کو برقرار رکھتا
ہے۔ میں خدمت کرتا ہوں، خود کو سربلند نہیں
کرتا۔
خدا اکیلے وصول کرتا ہے دی جلال

اطاعت TO عزم

آج میں خدا کی دی ہوئی ہر ذمہ داری میں عاجزی کا عہد کرتا ہوں۔ میں قابل تعلیم،
شکر گزار اور منحصر رہوں گا۔
.میں منتخب کریں فضل ختم خود انحصاری

دن اکیس TO دیکھ رہا ہے آگے

ہم اب داخل کریں دی **دوسرا آدھا** کی دی سفر
:جیسا کہ آگسٹین جاری رکھا ایمانداری سے خدا شروع ہوا کو شکل کچھ پائیدار
میراث
:کل ہم مرضی دریافت کریں
زندگی بھر a کیا قسم کی زندگی پتے پھل اس سے آگے

دن اکیس
زندہ کے لیے کیا زندہ باد آپ

ای وائی فوکس صحیفے

K "دوسرے ہے محنت کی، اور آپ ہے داخل ہوا میں ان کا مزدوری کرتا ہے۔"

— جان 4:38

"صادق آدمی اپنی دیانتداری سے چلتا ہے، اس کی اولاد اس کے بعد برکت پاتی ہے۔"

— کہاوتیں 20:7

کیا آپ ہے سنا سے میں... عزم یہ کو وفادار مرد ڈبلیو ایچ او مرضی دوسروں کو بھی "
"سکھانے کے قابل ہو ۔

— ٹموتھی 2:2 2

"دل کی حکمت a تو سکھانا ہم کو نمبر ہمارے دن کہ ہم ہو سکتا ہے حاصل"

— زبور 90:12

آگسٹائنز رہتے تھے۔ لمحہ

جیسا کہ دی سال گزر گیا **آگسٹین کی ہپو** بن گیا تیزی سے آگاہ کہ اس کا زندگی تھا نہیں طویل ماپا کی طرف سے سرگرمی، لیکن کی طرف سے **وراثت**

وہ تھا نہیں طویل پوچھنا کیا ہوں میں پورا کرنے والا؟

وہ تھا۔ پوچھنا، کیا رہے گا؟

بڑھتی ہوئی بیداری کہ a آگسٹین لکھا، سکھایا، درست کیا، اور چرواہا — لیکن کے ساتھ وہ تھا عمارت کے لیے نسلیں وہ کرے گا کبھی نہیں ملنا اس کا الفاظ تھے شکل کے ساتھ دیکھ بھال اس کا تعلیم تھا سپرد کو دوسرے اس کا وفاداری تھی نہیں طویل فوری ۔ یہ تھا **جان بوجھ کر**

وہ سمجھ گیا کہ خدا اقدامات میراث نہیں کی طرف سے مرئیت، لیکن کی طرف سے **منتقلی** ۔

زندگی سبق

میراث ہے تشکیل دیا کی طرف سے وفاداری، نہیں شہرت
خدا کی بادشاہی تسلسل کے ذریعے آگے بڑھتی ہے۔ جو کچھ ہم دوسروں میں ڈالتے ہیں وہ وہ ذریعہ بنتا ہے جس کے ذریعے خُدا اپنے کام کو ہماری زندگی بھر جاری رکھتا ہے۔

:زندہ کے لیے کیا باہر رہتا ہے آپ مطلب

- سرمایہ کاری میں لوگ مزید سے منصوبوں
- ترجیح دینا تشکیل ختم پہچان
- انتخاب کرنا وفاداری ختم فوری طور پر

میراث ہے نہیں کیا لوگ یاد رکھیں کے بارے میں ہم - یہ ہے کیا خدا جاری ہے کرو کے ذریعے کیا ہم ہے ایمانداری سے دیا

آئینہ لمحہ)ذاتی عکاسی(

:عکاسی کرنا دعا کے ساتھ

- کیا ہیں آپ عمارت کہ مرضی باقی کے بعد آپ
- ڈبلیو ایچ او ہیں آپ جان بوجھ کر سرمایہ کاری میں
- ہیں آپ کا روزانہ انتخاب شکل کی طرف سے ابدیت یا عجلت

آپ کا وژن recalibrate چلو خدا

ایکشن کے لیے اطاعت

آج، لے لو ایک **میراث پر مبنی کارروائی**

- شناخت کریں۔ ایک شخص کو جان بوجھ کر سرمایہ کاری میں
- حوصلہ افزائی کریں، سکھانا یا دعا کے ساتھ انہیں
- عزم کو طویل مدتی وفاداری بلکہ سے مختصر مدت اثر

میراث بڑھتا ہے آہستہ آہستہ لیکن مستقل طور پر۔

گروپ بحث سوالات

1. کیسے کرتا ہے صحیفہ وضاحت کریں میراث مختلف طریقے سے سے ثقافت؟
2. کیوں ہے سرمایہ کاری میں لوگ اکثر سست سے عمارت پلیٹ فارم؟
3. کیا مدد کرتا ہے مومنین رہنا مرکوز پر طویل مدتی پھل؟

دعا

باپ، سکھانا میں کو زندہ کے ساتھ ابدیت میں دیکھیں

میری ترجیحات کو اس کے ساتھ جوڑیں جو واقعی
دیرپا ہے۔ مدد میں سرمایہ کاری ایمانداری سے میں
لوگ اور سچائی میری زندگی میری زندگی سے زیادہ
پھل لائے۔
آمین

پیشن گوئی اعلان

. میں زندہ کے لیے کیا مجھ سے باہر رہتا ہے
میری زندگی خدا کی بادشاہی میں دیرپا پھل دیتی ہے۔
میں سرمایہ کاری میں لوگ نہیں صرف نتائج
خدا ضرب کیا میں ایمانداری سے نگران

اطاعت TO عزم

آج، میں ابدی نقطہ نظر کے ساتھ جینے کا عہد کرتا ہوں۔ میں
اس میں سرمایہ کاری کروں گا جو رہتا ہے۔
میں منتخب کریں میراث ختم فوری طور پر

دن بائیس TO دیکھ رہا ہے آگے

:نیا چیلنج ابھرتا ہے a ،جیسا کہ میراث لیتا ہے شکل

کیسے کرو آپ باقی وفادار جب آپ مرضی نہیں دیکھیں دی مکمل فصل؟

:کل ہم مرضی دریافت کریں

بھروسہ کرنا خدا کے ساتھ غیب پھل

دن بائیس

فصل دیکھے بغیر وفادار

K

ای وائی فوکس صحیفے

"ایک بوتا ہے اور ایک اور کاٹتا ہے۔"

— جان 4:37

"اور ہونا ہو گیا تمام... کو کھڑے ہو جاؤ۔"

— افسیوں 6:13

یہ تمام مر گیا میں ایمان، نہیں ہونا موصول دی وعدے، لیکن ہونا انہیں دور سے "
یکھا۔

— عبرانیوں 11:13

".میں لگائے گئے اپولوس پانی پلایا، لیکن خدا دیا دی اضافہ کریں"

— کرنتھیوں 1 3:6

آگسٹائنز رہتے تھے۔ لمحہ

جیسا کہ **آگسٹین کی ہپو** داخل ہوا دی بعد میں سال کی اس کا وزارت، وہ ایک پُرسکون حقیقت سے تیزی سے آگاہ ہوا

بہت کی کیا خدا تھا کر رہا ہے کے ذریعے اسے کرے گا **زندہ وہ**

اس نے واضح نتائج کی یقین دہانی کے بغیر وفاداری سے محنت کی۔ اس نے یہ جانتے ے غلطی کو درست کیا کہ نقصان کو دور کرنے میں نسلیں لگ سکتی ہیں۔ اس نے چائی پر بھروسہ کرنا سکھایا خدا کو محفوظ کرنا یہ اس سے آگے اس کا آواز

آگسٹین نے نتائج دیکھنے کا مطالبہ نہیں کیا۔ اس نے

مصنف پر بھروسہ کیا۔

زندگی سبق

خدا کرتا ہے نہیں ضرورت ہے ہم کو ختم دی کام - صرف کو ہونا وفادار کو ہمارے حصہ کلام بار بار سکھاتا ہے کہ بادشاہی مشترکہ محنت کے ذریعے ترقی کرتی ہے۔ اس پار وقت

کچھ پلانٹ کچھ پانی دوسرے کاٹنا لیکن خدا اکیلے کنٹرول کرتا ہے

سافہ

وفا داری ہے اطاعت **بغیر ضمانت دیتا ہے**

جب ہم اصرار پر دیکھ کر نتائج، ہم باریک بینی سے جگہ ہم خود پر دی مرکز خدا کے کام جب ہم اعتماد خدا کے ساتھ غیب پھل، ہم عزت اس کا خودمختاری

آئینہ لمحہ)ذاتی عکاسی(

:عکاسی کرنا ایمانداری سے

- جہاں ہے آپ بڑھا ہوا حوصلہ شکنی کیونکہ نتائج ہیں تاخیر؟
- ہے آپ مساوی پھلداری کے ساتھ مرئیت؟
- ہیں آپ آمادہ کو اطاعت یہاں تک کہ اگر آپ کبھی نہیں دیکھیں نتیجہ ؟

چلو خدا دوبارہ لگائیں آپ کا توقعات

ایکشن کے لیے اطاعت

آج، رہائی آپ کا ضرورت کو دیکھیں نتائج

- شناخت کریں۔ ایک علاقہ کہاں آپ محسوس غیب یا ادھورا
- :بولو یہ دعا بلند آواز

  خداوند، میں اعتماد آپ کے ساتھ دی فصل"
- جاری رکھیں ایمانداری سے بغیر ایڈجسٹ کرنا اطاعت کو نتائج

بھروسہ برقرار رکھتا ہے اطاعت

گروپ بحث سوالات

1. کیوں کرو ہم جدوجہد کو اطاعت بغیر دیکھ کر نتائج؟
2. کیسے کرتا ہے ایمان بالغ جب نتائج ہیں غیب
3. کیا مدد کرتا ہے مومنین باقی وفادار اس پار طویل موسم؟

دعا

باپ، سکھانا میں کو اعتماد آپ کے ساتھ نتائج میں ہو سکتا ہے کبھی نہیں دیکھیں مفت میں سے دی ضرورت کے لیے پہچان یا فوری پھل جو کام آپ نے تفویض کیا ہے اس کے وفادار رہنے میں میری مدد کریں۔ میں فصل کے ساتھ آپ پر بھروسہ کرتا ہوں۔

آمین

پیشن گوئی اعلان

میں نتائج دیکھنے کی ضرورت کے بغیر وفادار رہتا ہوں۔
خدا اپنے وقت میں اضافہ کرتا ہے۔
میری اطاعت ضائع نہیں ہوتی۔
میں اعتماد خدا کے ساتھ غیب پھل

اطاعت TO عزم

آج، میں عزم کو وفادار اطاعت بغیر حالات میں مرضی بونا پانی اور
اعتماد خدا کے ساتھ دی فصل
میں منتخب کریں اعتماد ختم کنٹرول

دن تئیس TO دیکھ رہا ہے آگے

:جیسا کہ آگسٹین قابل اعتماد خدا کے ساتھ غیب پھل، وہ سیکھا ایک اور حقیقت
وفا داری کرتا ہے نہیں ہٹا دیں تکلیف - یہ ریفریمز یہ
:کل ہم مرضی دریافت کریں
کیسے تکلیف شکلیں امید بلکہ سے تباہ کرتا ہے یہ

دن تئیس

مصائب وہ امید کو مضبوط کرتا ہے ۔

ای وائی فوکس صحیفے

K ہم مصیبتوں میں بھی فخر کرتے ہیں، یہ جانتے ہوئے کہ مصیبت صبر پیدا کرتی "ہے۔ اور استقامت، کردار اور کردار، امید ہے۔

— رومیوں 5:3–4

a لمحہ، ہے کام کرنا کے لیے ہم a کے لیے ہمارے روشنی مصیبت، جو ہے لیکن کے لیے" ".کہیں زیادہ حد سے زیادہ اور ابدی وزن کی جلال

— کرنتھیوں 4:17 2

"اگرچہ وہ قتل میں، ابھی تک مرضی میں اعتماد وہ۔"

— جاب 13:15

مبارک ہے دی آدمی ڈبلیو ایچ او برداشت کرتا ہے فتنہ کے لیے جب وہ ہے منظور " ".کیا گیا، وہ مرضی وصول کریں دی تاج کی زندگی

— جیمز 1:12

آگسٹائنز رہتے تھے۔ لمحہ

آگسٹین کے طور پر **کی ہپپو** پختگی کی گہرائی میں چلا گیا، مصائب اس کی زندگی سے غائب نہیں ہوئے۔

یہ تبدیل اس کا کردار

درد اب سزا کے طور پر کام نہیں کرتا ہے۔ مشکل

کا مطلب اب ناکامی نہیں رہا۔

تاخیر نہیں طویل مضمر ترک کرنا

آگسٹین سیکھا کہ تکلیف کر سکتے ہیں یا تو سخت دی دل یا **لنگر کی امید** — اس بات پر منحصر ہے کہ اعتماد کہاں رکھا گیا تھا۔ اس نے درد کو اس سے دور کرنے کی بجائے خدا کی طرف لے جانے دیا ۔ وہ وضاحت طلب کرنے کے بجائے خدا کے کردار سے چمٹا رہا۔

امید تھا نہیں طویل حالات

یہ بن گیا ابدی
زندگی سبق
مصائب بہتر کرتا ہے امید جب اعتماد ہے جڑیں میں خدا
صحیفہ کرتا ہے نہیں وعدہ آزادی سے تکلیف یہ وعدے اس کے اندر مقصد .مصائب کے ذریعے پیدا ہونے والی امید رجائیت سے زیادہ مضبوط ہوتی ہے - یہ حالات سے ماورا ہے-
:مصائب مضبوط کرتا ہے امید جب

- ہم اعتماد خدا کا کردار ختم ہمارے آرام
- ہم تشریح درد کے ذریعے ابدیت، نہیں فوری طور پر
- ہم اجازت دیں برداشت کو شکل کردار

امید جس کا تجربہ نہیں کیا گیا ہے وہ نازک ہے-
امید بہتر کی طرف سے تکلیف برداشت کرتا ہے
آئینہ لمحہ)ذاتی عکاسی(
:عکاسی کرنا دعا کے ساتھ

- سفر میں کون سی مصیبتیں موجود نہیں ہونی چاہئیں ؟
- کیسے ہے درد چیلنج کیا یا نئی شکل دی آپ کا امید ہے؟
- ہے آپ کا امید جڑیں میں ریلیف - یا میں خدا؟

چلو خدا ملنا آپ ایمانداری سے یہاں
ایکشن کے لیے اطاعت
آج، مشق **امید پر مبنی بھروسہ**

- شناخت کریں۔ ایک علاقہ کی جاری مشکل
- :بولو یہ سچائی بلند آواز
  ".خدا ہے وفادار، یہاں تک کہ یہاں"
- منتخب کریں۔ ایک عمل کی اطاعت یا شکر گزاری باوجود درد

امید بڑھتا ہے جب اعتماد ہے مشق
گروپ بحث سوالات

1. کیسے کرتا ہے صحیفہ دوبارہ وضاحت تکلیف

2. کیوں کرتا ہے تکلیف اکثر بے نقاب کہاں ہمارے امید واقعی آرام کرتا ہے؟
3. کیا مشقیں مدد مومنین برداشت کرنا درد کے ساتھ امید ہے؟

دعا

باپ، میں لانا آپ میرا درد بغیر دکھاوا یہ ہے آسان میری اُمید کو اپنی وفاداری پر رکھ، میرے حالات میں نہیں۔ استعمال کریں۔ ہر مقدمے کی سماعت کو شکل کردار اور گہرا اعتماد
میں منتخب کریں امید کہ برداشت
کرتا ہے آمین

پیشن گوئی اعلان

میری امید خُدا میں لنگر انداز ہے۔ مصائب
میرے ایمان کو تباہ نہیں کریں گے۔
خدا مجھ میں برداشت اور کردار بنا رہا ہے۔ میری امید
مایوس نہیں ہوگی۔

اطاعت TO عزم

آج، میں عزم کو بھروسہ خدا تکلیف میں
میں مرضی اجازت دیں ٹرائلز کو گہرا امید، نہیں کم کرنا یہ
.میں منتخب کریں ابدی نقطہ نظر ختم عارضی ریلیف

دن چوبیس TO دیکھ رہا ہے آگے

جیسا کہ امید گہرا کرتا ہے خدا شروع ہوتا ہے کو تیار کریں دی دل کے لیے کچھ ٹھیک ٹھیک
:لیکن ضروری

اجازت دینا جاؤ

:کل ہم مرضی دریافت کریں

کیسے ایمان سیکھتا ہے کو رہائی کنٹرول اور آرام مکمل طور پر میں خدا

دن چوبیس
جانے دینا سیکھنا اور خدا پر مکمل بھروسہ کرنا

ای وائی فوکس صحیفے

K"اپنے پورے دل سے خداوند پر بھروسہ رکھو، اور اپنی سمجھ پر تکیہ نہ کرو۔"

— کہاوتیں 3:5-6

".ہو اب بھی اور جانتے ہیں کہ میں ہوں خدا"

— زبور 46:10

".کاسٹنگ تمام آپ کا دیکھ بھال پر وہ، کے لیے وہ پرواہ کرتا ہے کے لیے آپ"

— پطرس 5:7 1

"وہ ڈبلیو ایچ او ہے داخل ہوا اس کا آرام ہے خود بھی رک گیا سے اس کا کام کرتا ہے۔"

— عبرانیوں 4:10

آگسٹائنز رہتے تھے۔ لمحہ

سبق کہ اکیلے اطاعت a میں دی بعد میں موسم کی اس کا زندگی، **آگسٹین کی ہپو** سیکھا
ے نہیں سکھا سکتی۔

وہ سیکھا کو **دو جاؤ**

ایمان کا نہیں۔

نہیں کی ذمہ داری لیکن

کنٹرول کا۔

آگسٹین تھا خرچ سال سوچ گہرائی سے تعلیم واضح طور پر احتیاط سے چرواہے پھر
ی وفادار خدمت خاموشی سے پریشانی کو برداشت کر سکتی ہے—یہ احساس کہ نتائج
ری چوکسی پر منحصر ہیں۔ وقت گزرنے کے ساتھ، آگسٹین نے تسلیم کیا کہ اعتماد ہے۔
ں ثابت کی طرف سے کوشش، لیکن کی طرف سے آرام
وہ سیکھا کو جگہ نتائج کہاں وہ تعلق رکھتا تھا: میں خدا کا ہاتھ

زندگی سبق

.بھروسہ ہے انکشاف نہیں کی طرف سے سرگرمی، لیکن ہتھیار ڈال کر

بہت سے مومن خدا کی اطاعت کرتے ہیں لیکن پھر بھی قابو کا وزن رکھتے ہیں۔ ہم منصوبہ بندی کرتے ہیں، انتظام کرتے ہیں اور توقع کرتے ہیں—اکثر اخلاص کے ساتھ—لیکن آرام کے بغیر۔ کلام سکھاتا ہے۔ کہ سچ اعتماد ریلیز دی ضرورت کو کنٹرول نتائج

چھوڑنے کا مطلب فرمانبرداری سے الگ ہونا نہیں ہے۔ یہ مطلب

منقطع کرنا سے بے چینی

ایمان پختہ جب ہم روکو جھکاؤ پر سمجھ اور شروع آرام کرنا خدا میں دیکھ بھال

آئینہ لمحہ)ذاتی عکاسی(

:عکاسی کرنا خاموشی سے

- جہاں ہیں آپ اب بھی کوشش کر رہا ہے کو کنٹرول نتائج؟
- کیا بوجھ ہے خدا پوچھا آپ کو رہائی
- ہے آپ کا اطاعت کارفرما کی طرف سے اعتماد یا بے چینی؟

بیٹھو کے ساتھ یہ سوالات ایمانداری سے

ایکشن کے لیے اطاعت

آج، مشق **جان بوجھ کر رہائی**

- شناخت کریں۔ ایک تشویش آپ ہے رہا لے جانے والے
- بولو یہ بلند آواز سے کو خدا
- شعوری طور پر رہائی ذمہ داری کے لیے دی نتیجہ

:کہو آہستہ

".خداوند، میں اعتماد آپ کے ساتھ یہ"

گروپ بحث سوالات

1. کیوں ہے اجازت دینا جاؤ اکثر مشکل سے لینا کارروائی؟
2. کیسے کر سکتے ہیں ذمہ داری خاموشی سے موڑ میں بے چینی؟
3. کیا مشقیں مدد مومنین آرام جبکہ باقی وفادار؟

دعا

باپ، میں اقرار کہ میں اکثر لے جانا کیا آپ کبھی نہیں پوچھا میں کو پکڑو سکھائیں میں کو اعتماد آپ مکمل طور پر

مدد میں رہائی بے چینی اور آرام میں آپ کا دیکھ بھال
میں جگہ ہر نتیجہ میں آپ کا ہاتھ
آمین

پیشن گوئی اعلان

میں اعتماد خدا کے ساتھ ہر نتیجہ
میں رہائی کنٹرول اور آرام میں اس کا دیکھ
بھال خدا میری کوشش سے زیادہ وفادار
ہے۔
میں زندہ سے آرام نہیں بے چینی

اطاعت TO عزم

آج، میں عزم کو بھروسہ خدا مکمل طور پر
میں مرضی رہائی کنٹرول کہاں خدا ہے پوچھا میں کو اعتماد میں
ایمان کی بنیاد پر آرام کا انتخاب کرتا ہوں۔

دن پچیس TO دیکھ رہا ہے آگے

:جیسا کہ آگسٹین سیکھا کو دو جاؤ، کچھ خوبصورت پیروی کی
خوشی واپس آیا - نہیں سے کامیابی، لیکن سے آرام
:کل ہم مرضی دریافت کریں
کیسے خوشی بہتی ہے جب دی روح آرام کرتا ہے میں خدا

دن پچیس

خوشی وہ آتا ہے۔ آرام سے The

K

ای وائی فوکس صحیفے

".میں آپ کا موجودگی ہے پرپورنتا کی خوشی"

— زبور 16:11

".دی خوشی کی دی رب ہے آپ کا طاقت"

— نحمیاہ 8:10

"آؤ کو میں... اور میں مرضی دینا آپ آرام کرو۔"

— میتھیو 28:11-29

"آپ مرضی رکھنا اسے میں کامل امن، جس کا دماغ ہے ٹھہرے پر تم۔"

— یسعیاہ 26:3

آگسٹائنز رہتے تھے۔ لمحہ

خوشی وہ پہلے a میں دی بعد میں سال کی اس کا زندگی، **آگسٹین کی ہپو** دریافت کیا موسموں میں معلوم نہیں تھا۔

یہ تھا نہیں دی خوشی کی کامیابی پہچان کی خوشی نہیں۔

نہیں یہاں تک کہ دی خوشی کی کامیابی میں وزارت یہ **آرام** کی خوشی تھی ۔

جیسے ہی آگسٹین نے کنٹرول چھوڑنا اور خدا پر مکمل بھروسہ کرنا سیکھ لیا، بے چینی ختم ہو گئی۔ اس کا گرفت دی کوشاں کہ ایک بار غلبہ اس کا اندرونی زندگی دھندلا جو باقی رہ گیا وہ ایک پرسکون، مستحکم خوشی تھی جو حالات میں نہیں بلکہ خدا کی موجودگی میں جڑی ہوئی تھی۔

خوشی تھا نہیں طویل کچھ وہ تعاقب کیا یہ وہ چیز بن گئی جس میں وہ آباد تھا۔

زندگی سبق

. خوشی ہے دی پھل کی آرام کوشش نہیں

بہت سے مومن کامیابی، تصدیق، یا روحانی کارکردگی کے ذریعے خوشی کا پیچھا کرتے ہیں۔ صحیفہ سکھاتا ہے کچھ مختلف: خوشی بہتی ہے قدرتی طور پر جہاں روح خدا میں ٹھہرتی ہے۔
خوشی کے لیے کامل حالات کی ضرورت نہیں ہے۔
اس کے لیے طے شدہ اعتماد کی ضرورت ہے۔
جب آرام بدل دیتا ہے کوشش کرنا خوشی ابھرتا ہے - نہیں کے طور پر جوش لیکن کے طور پر
طاقت

آئینہ لمحہ)ذاتی عکاسی(
:عکاسی کرنا دعا کے ساتھ

- جہاں ہے آپ رہا تلاش کرنا خوشی کے ذریعے کوشش؟
- کیا ہے بے چینی چوری خوشی سے میں آپ کا زندگی؟
- کیسے ہو سکتا ہے آرام میں خدا بحال خوشی

اجازت دیں۔ دی روح کو دوبارہ لگائیں آپ کا توقعات
ایکشن کے لیے اطاعت
آج، مشق **خوش کن آرام**

- سیٹ ایک طرف وقت کو بس ہونا میں خدا کا موجودگی
- کرو نہیں پوچھنا کے لیے کچھ بھی
- وصول کریں۔ خدا کا قربت کے ساتھ شکر گزاری

خوشی اکثر واپسی جب ہم روکو مطالبہ نتائج
گروپ بحث سوالات

1. کیوں کرو ہم ساتھی خوشی کے ساتھ کامیابی بلکہ سے آرام
2. کیسے کرتا ہے بے چینی خراب خوشی
3. کیا مشقیں مدد مومنین زندہ سے آرام اس کے بجائے کی کوشش کر رہا ہے؟

دعا
باپ، شکریہ آپ کے لیے دی خوشی کہ آتا ہے سے آرام کرنا میں آپ رہائی
میں سے کوشاں کہ چوری کرتا ہے امن
بحال کریں۔ خوشی کو میرا روح کے طور پر میں
اعتماد آپ مکمل طور پر میں وصول کریں آپ کا
خوشی کے طور پر میرا طاقت

آمين

یشن گوئی اعلان

دی خوشی کی دی رب ہے میرا طاقت میں
زندہ سے آرام نہیں سے دباؤ
خوشی بہتی ہے سے خدا کا موجودگی میں میرا
زندگی میری روح اس میں آباد اور محفوظ ہے۔

اطاعت TO عزم

آج، میں عزم کو زندہ سے آرام میں کوشش
کے ذریعے خوشی کا پیچھا نہیں کروں گا۔
میں وصول کریں دی خوشی کہ بہتی ہے سے بھروسہ خدا

دن چھبیس TO دیکھ رہا ہے آگے

جیسا کہ خوشی آباد میں آگسٹین کی دل خدا تیار اسے کے لیے کچھ ٹینڈر اور مقدس:

ختم کرنا ٹھیک ہے

کل ہم مرضی دریافت کریں:

پرامن ختم a زندگی لنگر انداز میں خدا تیار کرتا ہے کے لیے a کیسے

دن چھبیس فنشنگ ٹھیک ہے

K

ای وائی فوکس صحیفے

میں ہے لڑا دی اچھا لڑنا میں ہے ختم دی دوڑ میں ہے رکھا دی"

".ایمان

— ٹموتھی 4:7 2

".چلیں ہم چلائیں کے ساتھ برداشت دی دوڑ کہ ہے سیٹ پہلے ہم"

— عبرانیوں 12:1

".ہو وفادار تک موت، اور میں مرضی دینا آپ دی تاج کی زندگی"

— وحی 2:10

"معاملہ ہے بہتر سے اس کا آغاز- a دی اختتام کی"

— واعظ 7:8

آگسٹائنز رہتے تھے. لمحہ

میں دی بند کرنا سال کی اس کا زندگی، **آگسٹین کی ہپو** کیا نہیں سست کیونکہ اس کا ایمان کمزور ہو گیا تھا۔

وہ سست کیونکہ اس کا توجہ مرکوز تیز

وہ نہیں طویل ماپا زندگی کی طرف سے پیداوری، لیکن کی طرف سے **وفاداری** وہ سیکھا تھا کہ آغاز حوصلہ افزائی، لیکن اختتام گواہی دینا بہت سے شروع اچھا چند اچھی طرح ختم . آگسٹین تھا طے شدہ کو ختم کے ساتھ اس کا اعتماد برقرار، اس کا دل نرم، اور اس کی امید خدا پر قائم ہے۔

وہ رہتے تھے کے ساتھ دی اختتام میں دیکھیں - نہیں خوف سے، لیکن ایمانداری سے

زندگی سبق

ختم کرنا ٹھیک ہے ہے دی مقصد کی شاگردی

صحیفہ کرتا ہے نہیں منانا کس طرح زور سے ہم شروع کریں لیکن کس طرح ایمانداری سے ہم برداشت کرتے ہیں .اچھی طرح ختم کرنے کے لیے مستقل مزاجی، فروتنی، توبہ اور بھروسے کی ضرورت ہوتی ہے—خاص طور پر جب طاقت دھندلا جاتا ہے اور مرئیت کم ہو جاتا ہے

:ختم کرنا ٹھیک ہے مطلب

- باقی وفادار جب نہیں ایک ہے دیکھ رہا ہے
- بھروسہ کرنا خدا جب صلاحیت انکار
- ہولڈنگ امید جب نتائج ہیں مکمل

خدا اقدار **وفاداری کو دی اختتام**

آئینہ لمحہ)ذاتی عکاسی(

:عکاسی کرنا دعا کے ساتھ

- کیا کرتا ہے "ختم کرنا اچھا" مطلب کو آپ
- کیا عادات یا رویے کر سکتے ہیں دھمکی طویل مدتی وفاداری؟
- راستہ آپ کرے گا ہونا شکر گزار کے لیے بعد میں؟ a ہیں آپ زندہ آج میں

چلو خدا شکل آپ کا نقطہ نظر اس سے آگے دی موجود لمحہ

ایکشن کے لیے اطاعت

آج، مشق **آخر پر مبنی وفاداری**

- شناخت کریں۔ ایک عادت یا کرنسی کہ مرضی مدد آپ ختم ٹھیک ہے
- مضبوط کرنا یہ جان بوجھ کر آج
- رہائی کچھ بھی کہ کر سکتے ہیں سمجھوتہ طویل مدتی اطاعت

ختم کرنا ٹھیک ہے کی طرف سے زندہ ٹھیک ہے اب

گروپ بحث سوالات

1. کیوں ہے ختم کرنا ٹھیک ہے اکثر مشکل سے شروع مضبوط؟
2. کیسے کرتا ہے ابدی نقطہ نظر شکل روزانہ فیصلے؟
3. زندگی بھر a کیا مشقیں برقرار رکھنا وفاداری ختم

دعا

باپ، مدد میں زندہ کے ساتھ دی اختتام میں دیکھیں

سکھائیں میں کو قدر وفاداری ختم تالیاں مضبوط کرنا

میں کو برداشت کرنا کے ساتھ امید اور اعتماد میں اپنی

دوڑ کو اچھی طرح سے ختم کرنا چاہتا ہوں۔

آمین

پیشن گوئی اعلان

میں مرضی ختم میرا دوڑ کے ساتھ ایمان
برقرار خدا کا فضل برقرار رکھتا ہے میں
کو دی اختتام
میں باقی وفادار میں ہر موسم کی زندگی میں
اچھی طرح ختم کرتا ہوں۔

اطاعت TO عزم

آج، میں طویل مدتی وفاداری کے لیے زندہ رہنے کا عہد کرتا
ہوں۔ میں مرضی بنانا انتخاب کہ عزت خدا تک دی اختتام
میں اعتماد خدا کو لے جانا میں کے ذریعے ہر موسم

دن ستائیس TO دیکھ رہا ہے آگے

جیسے ہی آگسٹین اچھی طرح سے ختم کرنے کے لیے تیار ہو گیا، خدا نے اس پر ایک حتمی، سوچنے والا اثر ڈالا۔ حقیقت:

ہماری زندگی جاری رکھیں کو بولو کے بعد ہم ہیں چلا گیا

کل ہم مرضی دریافت کریں:

کیا یہ مطلب کو ہونا پڑھیں کی طرف سے نسلیں ابھی تک غیر پیدائشی

دن ستائیس

اے زندگی وہ جاری ہے۔ بولنا

K

ای وائی فوکس صحیفے

"آپ ہیں ہمارے خط... جانا جاتا ہے اور پڑھیں کی طرف سے تمام مرد۔"

— کرنتھیوں 3 :2-3 "ہونا 2

"مردہ وہ اب بھی بولتا ہے۔

— عبرانیوں 11:4

". دی یادداشت کی دی نیک برکت ہے"

— کہاوتیں 10:7

تو چمک آپ کا روشنی پہلے مرد کہ وہ ہو سکتا ہے دیکھیں آپ کا اچھا کام کرتا ہے اور " "اپنے آسمانی باپ کی تمجید کرو۔

— میتھیو 5:16

آگسٹائنز رہتے تھے۔ لمحہ

جب **آگسٹین کی بہو** قریب پہنچا دی اختتام کی اس کا زمینی سفر، اسے یاد ہونے سے کوئی سروکار نہیں تھا۔

وہ تھا متعلقہ کے ساتھ ہونا **وفادار**

وہ بہت پہلے سے سمجھ چکا تھا کہ خدا کے سپرد زندگیاں خاموشی سے ختم نہیں ہوتیں۔ وہ بولتے رہتے ہیں — شہرت کے ذریعے نہیں، بلکہ پھل کے ذریعے۔ آگسٹین کیا میراث وہ رہتے تھے کو اطاعت خدا پھر بھی فرمانبرداری نے ایک a نہیں زندہ کو بنائیں پیغام لکھا جو اسے ختم کر گیا۔

اس کی زندگی ایک خط بن گئی — جو نسلوں، ثقافتوں اور صدیوں میں پڑھی گئی۔ اس لیے نہیں کہ وہ کامل تھا۔

لیکن کیونکہ وہ تھا حاصل کیا

زندگی سبق

وفادار زندگی جاری رکھیں کو بولو کے بعد وہ ہیں چلا گیا

صحیفہ سکھاتا ہے کہ اطاعت لمحہ بہ لمحہ گونجتی ہے۔ الفاظ مٹ جاتے ہیں مگر۔۔ پھل ہتھیار ڈال دیے زندگی اکثر پہنچ جاتا ہے مقامات فرد کبھی a باقی ہے دی اثر و رسوخ کی نہیں تصور کیا اور اوقات وہ کبھی نہیں رہتے تھے کو دیکھیں

ہم ہیں ہمیشہ تحریر کچھ:

- کے ذریعے ہمارے انتخاب
- کے ذریعے ہمارے کردار
- کے ذریعے ہمارے اطاعت

دی سوال ہے نہیں چاہے ہمارے زندگی مرضی بولو - لیکن **کیا وہ مرضی کہنا آئینہ لمحہ)ذاتی (عکاسی**

عکاسی کرنا احتیاط سے:

- کیا پیغام ہے آپ کا زندگی فی الحال تحریر
- اگر دوسرے پیروی کی آپ کا مثال، کہاں کرے گا یہ لیڈ انہیں؟
- کیا کرو آپ چاہتے ہیں آپ کا اطاعت کو کہنا طویل کے بعد آپ ہیں چلا گیا

اجازت دیں۔ ابدیت کو مطلع کریں دی موجود

ایکشن کے لیے اطاعت

آج، زندہ کے ساتھ **جان بوجھ کر گواہ**

- منتخب کریں۔ ایک کارروائی کہ عکاسی کرتا ہے مسیح واضح طور پر
- بولو سچائی آہستہ سے کہاں خاموشی کرے گا گمراہ کرنا
- جیو شعوری طور پر، جاننا آپ کا زندگی ہے ہونا پڑھیں

وفا داری آج لکھتا ہے کل کی گواہی

گروپ بحث سوالات

1. کیسے کرو زندگی جاری رکھیں کو بولو اس سے آگے الفاظ
2. کیا تمیز کرتا ہے دیرپا روحانی اثر و رسوخ سے عارضی اثر؟
3. کیسے کر سکتے ہیں عام اطاعت شکل غیر معمولی میراث؟

.عا

باپ، یاد دلانا میں کہ میرا زندگی ہے ہونا پڑھیں
راستہ کہ اعزازات آپ اس سے آگے آج میری a مدد میں زندہ میں
فرمانبرداری کو دوسروں سے سچائی، فضل اور امید بولنے دیں۔
لکھیں۔ آپ کا پیغام واضح طور پر کے ذریعے میرا زندگی
آمین

پیشن گوئی اعلان

. زندہ خط مسیح کے a میرا زندگی ہے
خدا کی سچائی میری فرمانبرداری کے ذریعے واضح طور پر
لکھی گئی ہے۔ میری وفا میری زندگی بھر بولے گی۔
میں زندہ کو تسبیح خدا میں ہر نسل

اطاعت TO عزم

آج، میں عزم کو زندہ شعوری طور پر پہلے خدا اور دوسرے میں اپنی
زندگی کو ایمانداری سے مسیح کی عکاسی کرنے دوں گا۔
میں منتخب کریں اطاعت کہ بولتا ہے اس سے آگے میں

دن اٹھائیس TO دیکھ رہا ہے آگے

جیسے جیسے سفر قریب آتا ہے، خدا ہماری توجہ ایک آخری بار باطن کی طرف کرتا
ہے

کیسے کرو ہم زندہ روزانہ کے ساتھ ابدیت میں دیکھیں

:کل ہم مرضی دریافت کریں

وفادار سفیر کی مسیح a زندہ ہر ایک دن کے طور پر

دن اٹھائیس
مسیح کے سفیر کے طور پر رہنا ہر دن

ای وائی فوکس صحیفے

K اب پھر ہم ہیں سفیروں کے لیے مسیح، کے طور پر اگرچہ خدا ہمارے ذریعےاپیلا "
"کر رہے تھے۔

— کرنتھیوں 5:20 2

"جیسے وہ ہے، تو ہیں ہم میں یہ دنیا۔"

— یوحنا 4:17 1

"آپ ہیں دی روشنی کی دی دنیا۔"

— میتھیو 5:14

"رویہ اپنے آپ کو سمجھداری سے کی طرف باہر والے۔"

— کولسیوں 4:5

آگسٹائنز رہتے تھے۔ لمحہ

کی طرف سے دی حتمی موسم کی اس کا زندگی، **آگسٹین کی ہیو** نہیں طویل عقیدے کو رویے سے الگ کر دیا۔

ایمان تھا نہیں کچھ وہ منعقد یہ وہ چیز

تھی جو اس نے مجسم کی تھی ۔

ہر بات چیت، فیصلے، اور جواب میں وزن تھا ۔ اس وجہ سے نہیں کہ اس نے کوشش کی۔ اثر و رسوخ، لیکن کیونکہ وہ سمجھ گیا نمائندگی آگسٹین جانتا تھا کہ وہ اب صرف اپنے لیے نہیں بول رہا تھا۔ اُس کی زندگی اُس مسیح کی ظاہری گواہ تھی جس کا اُس نے اعلان کیا تھا۔

وہ رہتے تھے آگاہ کہ مسیح تھا ہونا تشریح کی کے ذریعے اسے

زندگی سبق

سفیر ذاتی رائے کی نمائندگی نہیں کرتے ۔ وہ اتھارٹی کی نمائندگی کرتے ہیں۔

صحیفہ سکھاتا ہے کہ مومن زمین پر مسیح کے نمائندے ہیں۔ ایک سفیر پیغام ایجاد نہیں کرتا۔ وہ اسے وفاداری سے اٹھاتا ہے۔ کی ساکھ دی پیغام ہے اکثر فیصلہ کیا کی طرف سے دی طرز عمل کی دی میسنجر
زندہ کے طور پر ایک سفیر کا مطلب ہے:

- مستقل مزاجی کے درمیان عقیدہ اور سلوک
- آگاہی کہ اعمال بات چیت الہیات
- روزانہ وفاداری میں عام لمحات

دی انجیل ہے اکثر پہلے سامنا ہوا کے ذریعے زندگی نہیں خطبات

آئینہ لمحہ)ذاتی عکاسی(

عکاسی کرنا احتیاط سے:

- کیا تصویر کی مسیح کرتا ہے آپ کا روزانہ زندگی موجود
- جہاں ہو سکتا ہے آپ کا سلوک متضاد آپ کا اعتراف
- مومن a نمائندہ — یا اتفاق سے کے طور پر a کرو آپ زندہ شعوری طور پر کے طور پر

چلو خدا بہتر آپ کی آگاہی.

ایکشن کے لیے اطاعت

آج، مشق **جان بوجھ کر نمائندگی**

- منتخب کریں۔ ایک عام تعامل
- پوچھو خود: کیسے کرے گا مسیح ہونا نمائندگی کی یہاں
- جواب دیں۔ اس کے مطابق - کے ساتھ فضل، سچ، صبر یا ہمت

وقت a سفیر شپ ہے رہتے تھے ایک لمحہ پر

گروپ بحث سوالات

1. کیا کرتا ہے یہ عملی طور پر مطلب کو زندہ کے طور پر مسیح کا سفیر؟
2. کیسے کرو روزانہ اعمال شکل کس طرح دوسرے مسیح کو سمجھتے ہیں ؟
3. کیا چیلنجز بنانا مسلسل نمائندگی مشکل؟

دعا

باپ، میں مسیح کی نمائندگی کی ذمہ داری قبول کرتا ہوں۔ سیدھ میں
لانا میرا الفاظ اعمال، اور رویے کے ساتھ آپ کا دل چلو میرا
زندگی عکاسی دی سچائی میں دعوی
مدد میں زندہ شعوری طور پر کے طور پر آپ کا سفیر آمین

پیشن گوئی اعلان

میں ہوں مسیح کا سفیر میں یہ دنیا
میرا زندگی عکاسی کرتا ہے اس کا سچ، محبت، اور
اتھارٹی میں ہر جگہ مسیح کی وفاداری سے
نمائندگی کرتا ہوں۔
خدا ہے تسبیح کے ذریعے میرا اطاعت

اطاعت TO عزم

آج، میں عزم کو زندہ شعوری طور پر کے طور پر مسیح کا سفیر میں
مرضی سیدھ میں لانا میرا روزانہ زندگی کے ساتھ دی پیغام میں لے
جانا
میں منتخب کریں وفادار نمائندگی ختم سہولت

دن انتیس TO دیکھ رہا ہے آگے

حتمی اندر کی طرف کرنسی a جیسا کہ دی سفر قریب تکمیل، خدا لاتا ہے ہم کو:

زندہ تیار

کل ہم مرضی دریافت کریں:

کیا یہ مطلب کو زندہ تیار - بغیر خوف - کے لئے ابدیت

دن انتیس زندہ تیار کے لیے ایٹرنٹی

K

ای وائی فوکس صحیفے

"دل کی حکمت a سکھاؤ ہم کو نمبر ہمارے دن کہ ہم ہو سکتا ہے حاصل"

— زبور 90:12

".کے لیے کو میں، کو زندہ ہے مسیح، اور کو مرنا ہے حاصل کریں"

— فلپیئنز 1:21

"تو کہ ہم ہو سکتا ہے ہے اعتماد اور نہیں ہونا شرمندہ پہلے اسے پر اس کی آمد۔"

— یوحنا 2:28 1

".سیٹ آپ کا دماغ پر چیزیں اوپر، نہیں پر چیزیں پر دی زمین"

— کولسیوں 3:2

آگسٹائنز رہتے تھے۔ لمحہ

میں دی حتمی موسم کی اس کا زندگی، **آگسٹین کی ہپو** رہتے تھے کے ساتھ ایک ابدیت کی غیر متزلزل آگہی۔

خوف سے نہیں۔

نہیں کے ساتھ

خوف لیکن کے

ساتھ **وضاحت**

وہ نہیں طویل لپٹنا کو وقت وہ نگران یہ آگسٹین سمجھ گیا وہ زندہ تیار کے لیے ابدیت کیا نہیں مطلب واپس لینا سے زندگی - یہ مطلب ہر دن ابدی صف بندی کے ساتھ جینا۔

موت تھا نہیں طویل ایک رکاوٹ یہ ایک

تبدیلی تھی۔

کیونکہ اس کا زندگی تھا رہا حکم دیا کی طرف خدا، ابدیت محسوس کیا واقف کے بجائے غیر ملکی

زندگی سبق

تیاری کے لیے ابدیت پیدا کرتا ہے امن میں دی موجود
صحیفہ کبھی نہیں کالز مومنین کو خوف ابدیت یہ کالز ہم کو زندہ **تیار**
جب مسیح ہے دی مرکز کی زندگی، ابدیت بن جاتا ہے تسلسل - نہیں نقصان
زندہ تیار مطلب:

- ہولڈنگ زمینی چیزیں
- چلنا روزانہ میں توبہ اور اطاعت
- اینکرنگ امید اس سے آگے وقت

وہ ڈبلیو ایچ او زندہ تیار کرو نہیں جلدی زندگی - وہ **چھڑانا** یہ

آئینہ لمحہ (ذاتی عکاسی)

عکاسی کرنا خاموشی سے:

- اگر آج تھے آپ کا آخری دن، کیا کرے گا باقی حل نہیں ہوا؟
- کیا منسلکات بنانا ابدیت محسوس دور بلکہ سے امید مند
- ہیں آپ زندہ تیار - یا محض فرض کرنا وقت

چلو دی روح لانا نرم وضاحت، نہیں بے چینی

ایکشن کے لیے اطاعت

آج، مشق **ابدی سیدھ**

- پتہ ایک غیر حل شدہ اطاعت یا رشتہ
- رہائی ایک زمینی منسلکہ کہ رکھتا ہے آپ کا دل بھی مضبوطی سے
- شکریہ خدا کے لیے دی امید کی ابدیت

تیاری بڑھتا ہے کے ذریعے جان بوجھ کر سیدھ

گروپ بحث سوالات

1. کیوں کرتا ہے ابدیت اکثر محسوس خلاصہ بلکہ سے موجود
2. کیسے کرتا ہے زندہ تیار متاثر روزانہ ترجیحات؟
3. کیا مدد کرتا ہے مومنین زندہ تیار بغیر خوف؟

دعا

باپ، سکھانا میں کو زندہ کے ساتھ ابدیت میں دیکھیں
ہٹا دیں۔ خوف اور تبدیل کریں یہ کے ساتھ یقین دہانی

میرے دنوں کو دانشمندی اور فرمانبرداری کے ساتھ
ترتیب دینے میں میری مدد کریں۔ میں زندہ تیار - نہیں
ڈر - لیکن محفوظ میں آپ آمین

پیشن گوئی اعلان

میں زندہ تیار کے لیے ابدیت
میرا امید ہے لنگر انداز اس سے آگے یہ زندگی
میں امن، یقین اور فرمانبرداری کے ساتھ چلتا ہوں۔ مسیح
میری زندگی ہے — اب اور ہمیشہ کے لیے۔

اطاعت TO عزم

آج، میں عزم کو زندہ تیار کے لیے ابدیت میں مرضی
حکم میرا زندگی کے مطابق کو ابدی سچائی
میں منتخب کریں تیاری جڑیں مسیح میں

خدا، نہیں BY تیس دن لکھا گیا۔

مرد BY

ای وائی فوکس صحیفے

K"آپ ہیں ہمارے خط لکھا ہوا میں ہمارے دل، جانا جاتا ہے اور پڑھیں کی طرف سے تمام مرد واضح طور پر آپ ہیں ایک خط کی مسیح... لکھا ہوا نہیں کے ساتھ سیاہی لیکن کی طرف سے دی روح زندہ خدا کا۔"

— کرنتھیوں 2:3-3 2

".بذریعہ ان کا پھل آپ مرضی جانتے ہیں انہیں"

— میتھیو 7:16

"چلیں آپ کا روشنی تو چمک پہلے مرد۔"

— میتھیو 5:16

" کیونکہ یہ خدا ہی ہے جو آپ میں اپنی مرضی اور اپنی بھلائی کے لیے کام کرتا ہے۔ خوشی."

— فلپیئنز 2:13

آگسٹائنز رہتے تھے۔ لمحہ

اپنی زندگی کے اس مرحلے تک، **ہپپو کے آگسٹین نے** ایک ایسی چیز کو سمجھا جس کو بہت سے مومنین کبھی بھی پوری طرح سے نہیں سمجھتے:

اس کا زندگی تھا نہیں طویل نجی

اس لیے نہیں کہ اس نے توجہ مانگی تھی بلکہ اس لیے کہ فرمانبرداری **ثبوت چھوڑ دیتی** ہے ۔ آگسٹین جانتا تھا کہ اس نے جو سب سے طاقتور گواہی دی وہ اس کی تحریریں، واعظ یا دلائل نہیں تھیں۔ یہ خدا کا دکھائی دینے والا کام تھا جو اس کے کردار میں جڑا ہوا تھا۔

وہ تھا ایک بار کوشش کی کو مصنف اس کا اپنے شناخت

اب، اس نے خدا کو لکھنے کی اجازت دی۔

مرد حکایات میں ترمیم کر سکتے

ہیں۔ خدا لکھتا ہے **تبدیلیاں**

زندگی سبق

کہانی - چاہے جان بوجھ کر یا نہیں a ہر زندگی بتاتا ہے

صحیفہ اعلان کرتا ہے کہ مومن زندہ خطوط ہیں، جنہیں دنیا مسلسل پڑھتی ہے۔ دی سوال ہے نہیں اگر ہم ہیں ہونا پڑھیں لیکن **ڈبلیو ایچ او ہے کر رہا ہے دی تحریر**

:اے زندگی لکھا ہوا کی طرف سے مرد ہے شکل بذریعہ

- ثقافت
- دباؤ
- خوف کی رائے

:اے زندگی لکھا ہوا کی طرف سے خدا ہے شکل بذریعہ

- فرمانبرداری
- توبہ
- فضل
- سچائی

صرف ایک پیدا کرتا ہے پھل کہ برداشت کرتا ہے

آئینہ لمحہ)ذاتی عکاسی(

:بیٹھو احتیاط سے کے ساتھ یہ سوالات

- ڈبلیو ایچ او ہے رہا تشکیل آپ کا کہانی سب سے زیادہ - خدا یا لوگ؟
- کیا پیغام کرتا ہے آپ کا موجودہ طرز زندگی بات چیت
- اگر کوئی "پڑھنا" آپ کا زندگی، کیا کرے گا وہ سیکھیں کے بارے میں مسیح؟

روح کو آپ کے الفاظ نہیں بلکہ آپ کے **نمونوں کو تلاش کرنے دیں۔**

ایکشن کے لیے اطاعت

آج، شعوری طور پر جمع کروائیں آپ کا کہانی کو خدا

- شناخت کریں۔ ایک علاقہ کہاں آپ ہے اجازت دی بیرونی آوازیں کو شکل آپ
- ہتھیار ڈالنا یہ جان بوجھ کر کو دی مقدس روح
- :دعا کریں۔ یہ بلند آواز

".خداوند، لکھنا آپ کا سچائی میں میرا زندگی"

فرمانبرداری ہے خدا کا سیاہی

گروپ بحث سوالات

1. زندگی خط" میں عملی شرائط؟" a کیا کرتا ہے یہ مطلب کو ہونا
2. کیسے کرتا ہے ثقافت کوشش کو مصنف ہمارے شناخت
3. کیوں کرتا ہے نظر آنے والا پھل معاملہ مزید سے زبانی اعتراف

دعا

باپ، میں پیداوار میرا زندگی کو آپ کے طور پر دی
مصنف جو نہیں لکھا اسے مٹا دیں۔
لکھنا آپ کا سچائی میں میرا کردار
چلو میرا زندگی بات چیت مسیح واضح طور پر کو دی دنیا آمین

پیشن گوئی اعلان

میرا زندگی ہے لکھا ہوا کی طرف سے خدا، نہیں کی طرف سے مرد
دی روح کی دی زندہ خدا شکلیں میرا کردار میری
فرمانبرداری مسیح کی گواہی دیتی ہے۔
زندہ خط، پڑھیں کی طرف سے دنیا a میں ہوں

اطاعت TO عزم

آج، میں خدا کے سامنے جان بوجھ کر جینے کا عہد کرتا ہوں۔
میں مرضی نہیں اجازت دیں ثقافت یا دباؤ کو وضاحت کریں
میں
میں منتخب کریں کو ہونا لکھا ہوا کی طرف سے دی روح کی دی زندہ خدا

دن اکتیس TO دیکھ رہا ہے آگے

اب کہ ہم سمجھنا **ڈبلیو ایچ او ہے تحریر** ، ہم ضروری ہے سامنا کرنا **کیا پیدا کیا جاتا ہے**

ایک آئی ایس NO دن اکتیس جب

دیکھ رہا ہے۔

A

داخل کریں۔ TO منظرنامہ
یہ ہے ایک عام لمحہ
نہیں اعلان
نہیں گواہ
نہیں دباؤ سے کوئی بھی اور آپ انتخاب
کے ساتھ اکیلے ہیں۔
یہ اتنا چھوٹا ہے کہ اگر آپ اسے نظر انداز کرتے ہیں تو کوئی بھی اس پر توجہ نہیں دے گا۔ جائز کافی کہ آپ کر سکتے ہیں وضاحت کریں یہ دور خاموش کافی کہ یہ محسوس کرتا ہے غیر معمولی
اور ابھی تک ۔ آپ ہچکچاتے ہیں
نہیں کیونکہ کی نتائج شہرت کی وجہ
سے نہیں۔
:لیکن کیونکہ کچھ میں آپ جانتا ہے
یہ لمحہ ہے ہونا لکھا ہوا خاموش سچائی
مرحلہ a زیادہ تر کی زندگی ہے نہیں رہتے تھے پر
یہ ان کمروں میں رہتا ہے جہاں کوئی تالی نہیں بجاتا، فیصلوں میں کوئی ریکارڈ نہیں کرتا، خیالات میں نہیں ایک سنتا ہے صحیفہ کبھی نہیں علاج کرتا ہے یہ لمحات کے طور پر غیر جانبدار یہ ان کو **تشکیلاتی** سمجھتا ہے ۔
کیا آپ مشق میں خفیہ آخر کار ظاہر ہوتا ہے میں عوامی
گواہ AS صحیفہ
"آپ کا باپ ڈبلیو ایچ او دیکھتا ہے میں خفیہ مرضی انعام آپ کھلے عام۔"
— میتھیو 6:6
"وہ ڈبلیو ایچ او ہے وفادار میں کیا ہے کم از کم ہے وفادار بھی میں بہت زیادہ۔"
— لیوک 16:10

"تلاش کریں۔ میں، اے خدا، اور جانتے ہیں میرا دل۔"
— زبور 139:23

اے نرم ہدایات

بغیر ثواب کے اطاعت کی تو کیا ہوگا ؟ اس لیے نہیں کہ اس پر توجہ
دی جائے گی۔
نہیں کیونکہ یہ مرضی ہونا تعریف
کی لیکن کیونکہ اللہ دیکھ رہا ہے۔
صحیح جواب کا انتخاب کریں۔ بتاؤ
دی سچائی آپ کر سکتے ہیں
چھپائیں
اس عادت کا مقابلہ کریں جس کے بارے میں کوئی
نہیں جانتا تھا۔ یہ لمحہ صرف اللہ کا ہے۔

ایس آئی ٹی کے ساتھ TO اے سوال

اگر یہ لمحہ تھے دی صرف صفحہ کوئی کبھی پڑھیں کی آپ کا زندگی، کیا کرے
گا یہ کہنا کے بارے میں ڈبلیو ایچ او آپ ہیں بننا
سوال کے پیچھے جلدی نہ کریں۔ اسے
پڑھنے دو۔

اے سادہ ایکشن

آج، شناخت **ایک نجی لمحہ** اور منتخب کریں اطاعت وہاں اس کا اعلان نہ کریں۔
کرو نہیں ریکارڈ یہ
کرو نہیں وضاحت
کریں یہ
چلو یہ ہونا عبادت

اے دعا)خاموشی سے بولا گیا(

،باپ
سکھائیں میں کو زندہ پہلے تم، نہیں پہلے لوگ فارم میرا کردار
کہاں نہیں ایک دیکھتا ہے
لکھیں۔ سچائی میں دی چھپا ہوا مقامات کی میرا زندگی
میں رازداری میں وفاداری کا انتخاب کرتا ہوں۔
آمین

اے نرم اعلان

میں زندہ پہلے دی آنکھیں کی خدا
میرا اطاعت کرتا ہے نہیں انحصار پر مرئیت
. میں منتخب کریں وفاداری جب نہیں ایک دیکھ رہا ہے

دن بتیس TO دیکھ رہا ہے آگے

کل، دی ترتیب تبدیلیاں
وہاں لوگ دیکھ رہے ہیں - لیکن وہ آپ کو غلط سمجھتے ہیں۔ ہم

:دریافت کریں گے

دن بتیس ۔ جب آپ غلط فہمی میں ہیں ۔

زندہ خط جواب دیتا ہے جب پڑھیں غلط طریقے سے a کیسے

دن بتیس

جب آپ ہیں غلط فہمی

A

داخل کریں۔ TO منظرنامہ

آپ مطلب ٹھیک ہے
آپ کی نیت صاف تھی۔ آپ کے
الفاظ محتاط تھے۔ آپ کا فیصلہ تھا
دعا گو
پھر بھی کسی طرح، کیا دوسرے سنا تھا نہیں کیا آپ مطلب انہوں نے جو
فرض کیا وہ وہ نہیں تھا جو آپ لے گئے تھے۔
کیا وہ بار بار تھا نہیں کیا اصل میں ہوا آپ کو وضاحت کرنے
کی خواہش محسوس ہوتی ہے۔
کو درست دی ریکارڈ اپنے
دفاع کے لیے۔
اور آپ توقف

خاموش تناؤ The

اطاعت کے سب سے زیادہ ناگوار تجربات میں سے ایک ہے ۔
یہ محسوس کرتا ہے غیر منصفانہ
یہ محسوس کرتا ہے بے نقاب
یہ محسوس کرتا ہے پسند خاموشی ہو سکتا ہے دیکھو پسند جرم
لیکن کلام کبھی یہ وعدہ نہیں کرتا کہ فرمانبرداری کی ہمیشہ صحیح تشریح کی جائے گی۔ کبھی کبھی، وفاداری کا امتحان مخالفت سے نہیں بلکہ **غلط پڑھنے سے ہوتا ہے** ۔
.کیا آپ کرو اگلا معاملات مزید سے کیا تھا کہا

گواہ AS صحیفہ

"جب وہ تھا گالی دی، وہ کیا نہیں گالی دینا میں واپسی"
پیٹر 2:23 1 -
".اے اچھا نام ہے بلکہ کو ہونا منتخب کیا سے بہت اچھا دولت"

— کہاوتیں 22:1
"عزم آپ کا راستہ کو دی رب... اور وہ کرے گا لانا یہ کو پاس"
— زبور 37:5
اے نرم ہدایات
اگر آج آپ **وضاحت سے زیادہ کردار پر اعتماد کرتے ہیں تو کیا ہوگا**
جواب a ؟ نہیں ہر غلط فہمی ضروریات
ہر الزام کی وضاحت کی ضرورت نہیں ہوتی۔ ہر
خاموشی سرنڈر نہیں ہوتی۔
بعض اوقات، سب سے زیادہ وفادار جواب ثابت قدم رہنا ہوتا ہے۔ وقت، سچائی، اور پھل
کو بولو مزید واضح طور پر سے دفاع کبھی کر سکتے ہیں
ایس آئی ٹی کے ساتھ TO اے سوال
کرو آپ اعتماد خدا کافی کو دو اسے **ثابت کریں** ، یا کیا آپ
بیانیہ کو کنٹرول کرنے کے لیے ذمہ دار محسوس کرتے ہیں؟
چلو دی سوال آباد پہلے آپ جواب یہ
اے سادہ ایکشن
آج، ایک غلط فہمی کو دور کرنے کی خواہش کے خلاف مزاحمت
کریں۔ نہیں مستقل طور پر
نہیں غیر فعال طور
پر لیکن دعا کے
:ساتھ پوچھو خدا
"ہے میرا جواب ضرورت ہے - یا ہے میرا استحکام کافی ہے؟"
پھر عمل اس کے مطابق
اے دعا)خاموشی سے بولا گیا(
،باپ
آپ دیکھیں کیا دوسرے غلط پڑھنا
سکھائیں میں کو جواب دیں کے ساتھ حکمت، نہیں خوف
میری ساکھ کے ساتھ آپ پر بھروسہ کرنے میں میری
مدد کریں۔
میں جگہ میرا نام میں آپ کا دیکھ بھال
آمین

اے نرم اعلان
میں کرو نہیں کوشش کو دفاع میں خود

خدا ہے دی کیپر کی میرا نام

میں باقی وفادار جب غلط سمجھا
دن تینتیس TO دیکھ رہا ہے آگے
کل، دی تناؤ گہرا ہوتا ہے
قیمت اب غلط فہمی نہیں رہی - یہ **رشتہ ہے -**
:ہم مرضی دریافت کریں
دن تینتیس - جب سچائی اخراجات آپ رشتے
زندہ خط بولتا ہے ایمانداری سے بغیر کوشش کر رہا ہے کو کنٹرول دی نتیجہ a کیسے

دن تینتیس

جب سچ آپ کے تعلقات کو مہنگا کرتا ہے۔

A

داخل کریں۔ TO منظرنامہ
آپ کیا نہیں منصوبہ فاصلہ
-یہ آہستہ آہستہ ہوا
توقف میں گفتگو، لہجے a
،میں تبدیلی
ایک بے ساختہ تناؤ
آپ بولا ایمانداری سے لیکن نہیں سختی سے
آپ منتخب کیا سالمیت، نہیں اشتعال انگیزی پھر
بھی، کچھ بدل گیا۔
یہ رشتہ ڈرامائی طور پر نہیں ٹوٹا۔ یہ **بہتی** ہوئی
اور آپ محسوس دی وزن کی یہ

خاموش جدوجہد The

لاگت ہم شاذ و نادر ہی تیار a سچائی اکثر لے جاتا ہے
-کریں کے لیے اجنبیوں سے انکار نہیں
لیکن فاصلہ سے لوگ ہم دیکھ بھال کے بارے میں
صحیفہ کبھی نہیں وعدے کہ سچائی مرضی ہمیشہ ہونا خوش آمدید بعض اوقات یہ بے نقاب کرتا ہے، پریشان کرتا ہے، یا اس میں خلل ڈالتا ہے جس کا سامنا کرنے کے لیے دوسرے تیار نہیں ہیں۔ ان میں لمحات محبت ہے تجربہ کیا - نہیں کی طرف سے خاموشی لیکن کی طرف سے **وفادار ایمانداری کنٹرول کے بغیر** .
آپ نہیں کر سکتے فیصلہ کریں کس طرح
دوسرے جواب دیں آپ کر سکتے ہیں صرف
فیصلہ کریں کس طرح آپ باقی **صحیفہ بطور**
گواہ
"میں میں اب تلاش کرنا دی منظوری کی آدمی یا کی خدا؟"

— گلیاتیوں 1:10 "بول رہا ہے۔
".دی سچائی میں محبت
— افسیوں 4:15
"مبارک ہیں آپ جب لوگ توہین تم... کیونکہ مجھ سے ۔"
— میتھیو 5:11
اے نرم ہدایات
تحفظ کی ضرورت جاری کی **نتائج** آپ کر سکتے ہیں محبت گہرائی سے
اور اب بھی ہونا متفق نہیں کے ساتھ
.آپ کر سکتے ہیں بولو سچائی آہستہ سے اور اب بھی ہونا مزاحمت کی
آپ کر سکتے ہیں باقی وفادار بغیر زبردستی مفاہمت آپ کی ذمہ
داری اطاعت ہے۔
خدا کا ذمہ داری ہے دل
ایس آئی ٹی کے ساتھ TO اے سوال
ہیں آپ مزید ڈرنا کی تعلقات کھو رہے ہیں
یا کی ہارنا سالمیت؟
بیٹھو کے ساتھ دی سوال طویل کافی کو جواب ایمانداری سے
اے سادہ ایکشن
آج، منتخب کریں وفاداری ختم تسکین پیچھے نہ ہٹیں۔
کرو نہیں زیادہ وضاحت
سختی نہ کریں۔
رہو قسم رہو سچا
رہو کھلا — بغیر پیچھا قبولیت
اے دعا)خاموشی سے بولا گیا(
،باپ
آپ جانتے ہیں دی لاگت کی سچائی بولا میں محبت مدد
میں باقی وفادار بغیر ناراضگی
گارڈ میرا دل سے سمجھوتہ اور سے سختی مجھے ہر رشتے
میں تم پر بھروسہ ہے۔
آمین
اے نرم اعلان
میں منتخب کریں سچائی بولا میں محبت
میں رہائی کنٹرول ختم نتائج
میں باقی وفادار، یہاں تک کہ جب یہ اخراجات

دن چونتیس TO دیکھ رہا ہے آگے

کل، دی توجہ مرکوز موڑ اندر کی طرف دوبارہ
مذمت کے لیے نہیں — بلکہ بحالی کے لیے۔ ہم
دریافت کریں گے:

دن چونتیس - جب آپ ناکام کے بعد جاننے والا بہتر

ٹھوکر a زندہ خط جواب دیتا ہے کے بعد a کیسے

دن چونتیس

جب آپ بہتر جاننے کے بعد ناکام ہوجاتے ہیں۔

داخل کریں۔ TO منظرنامہ

A یہ آپ کو حیرت ہے - نہیں کیونکہ یہ ہوا، لیکن کیونکہ **آپ جانتے تھے**

بہتر

آپ تھا بڑھا ہوا آپ تھا
سیکھا
آپ تھا حل نہیں کو واپسی وہاں دوبارہ
اور پھر بھی، آپ یہاں ہیں — ایک ایسے لمحے کا سامنا کر رہے ہیں جسے آپ نے سوچا
تھا کہ آپ بڑھ چکے ہیں۔ کوئی ڈرامائی تباہی نہیں ہے۔
خاموش آگاہی a بس
اے واقف مایوسی
:سوال تشکیل نیچے دی سطح a اور
"کیا کرتا ہے یہ کہنا کے بارے میں میں اب؟"

خاموش خطرہ The

ترقی کے بعد ناکامی ایک منفرد وزن رکھتی ہے۔ یہ
آپ کو توبہ کرنے کی بجائے چھپانے کی ترغیب
دیتا ہے۔
کو واپس لے لو کے بجائے واپسی
کو انجام دیں طاقت بلکہ سے مشق ایمانداری لیکن کلام پاک
توبہ کو رجعت کے طور پر نہیں مانتا۔ یہ اسے **تسلسل کے**
طور پر مانتا ہے ۔
دی خطرہ ہے نہیں گرنا
دی خطرہ ہے دکھاوا آپ نہیں کیا

گواہ AS صحیفہ

".اگر ہم اقرار ہمارے گناہ وہ ہے وفادار اور صرف کو معاف کر دیں ہم"
— جان 1:9 1

".اے نیک آدمی ہو سکتا ہے گر سات اوقات اور اٹھنا دوبارہ"

— کہاوتیں 24:16

".صاف دل اے خدا a تخلیق کریں۔ میں میں"

— زبور 51:10

اے نرم ہدایات

.اگر آج آپ **شفاف توبہ پر عمل کریں تو کیا ہوگا ؟** نہیں خود مذمت

نہیں بہانہ بنانا

تکلیف کو چھپانے کے لیے روحانی زبان نہیں۔ بس

ایمانداری

نام کیا ہوا لاؤ یہ میں دی

روشنی

فضل کو سالمیت بحال کرنے کی اجازت دیں — ذمہ داری کو نہ مٹا دیں۔

ترقی کمال سے ثابت نہیں ہوتی۔

یہ ہے ثابت کی طرف سے **کس طرح جلدی سے**

ہم واپسی کے ساتھ بیٹھنے کے لیے ایک

سوال

جب آپ ناکام کرو آپ منتقل **کی طرف خدا**

یا خاموشی سے کھینچنا دور

چلو دی سوال پڑھیں آپ کا جبلت

اے سادہ ایکشن

آج، بولو ایمانداری سے کو خدا کے بارے میں ایک ناکامی

نہیں وضاحتیں

نہیں موازنہ نہیں تاخیر

۔پھر لے لو ایک چھوٹا قدم کو دوبارہ بنانا

نہیں کو ثابت کریں کچھ بھی لیکن کو واپسی مکمل طور پر

اے دعا)خاموشی سے بولا گیا(

،باپ

میں آپ کو اپنی ناکامی چھپائے بغیر لاتا ہوں۔

شکریہ آپ کہ فضل اب بھی ملاقات میں یہاں بحال

کریں۔ میرا سالمیت اور تجدید میرا دل میں

اعتکاف پر توبہ کا انتخاب کرتا ہوں۔

آمین

نرم اعلان

میں کرو نہیں چھپائیں کے بعد ناکامی
فضل مجھے بحال کرتا ہے اور سچائی مجھے
بحال کرتی ہے۔ میں دوبارہ اٹھتا ہوں اور
وفاداری سے جاری رہتا ہوں۔

پینتیس TO دیکھ رہا ہے آگے

کل، دی لینس شفٹوں ظاہری دوبارہ یہ وقت، دی
قاری ہے نہیں جدوجہد کر رہے ہیں۔ ان پر
بھروسہ کیا جا رہا ہے ۔
:ہم مرضی دریافت کریں
دن پینتیس - جب آپ ہے اتھارٹی
زندہ خط لے جاتا ہے اثر و رسوخ بغیر غلط استعمال یہ a کیسے

دن پینتیس جب آپ کے پاس اختیار

ہے۔

A

داخل کریں۔ TO منظرنامہ

آپ نوٹس یہ آہستہ آہستہ

لوگ توقف جب آپ بولو وہ آپ کی

رائے پوچھتے ہیں۔

وہ ایڈجسٹ کریں ان کا فیصلے کی بنیاد پر پر آپ کا الفاظ

آپ کیا نہیں پوچھنا کے لیے یہ جگہ - لیکن آپ اب قبضہ یہ اتھارٹی

خاموشی سے آ گئی ہے۔

عنوان a نہیں کے ساتھ

نہیں کے ساتھ ایک اعلان لیکن

اثر و رسوخ کے ساتھ

اور سوال اب یہ نہیں ہے کہ آیا آپ قیادت کرتے ہیں - **کیسے**

خاموش ٹیسٹ The

اتھارٹی سے پتہ چلتا ہے کہ کیا تشکیل بنایا گیا ہے .

اس سے کردار نہیں بنتا۔

یہ بے نقاب کرتا ہے یہ

اتھارٹی کر سکتے ہیں ہونا استعمال کیا جاتا ہے کو

خدمت - یا کو محفوظ حفاظت کے لیے — یا دباؤ

ڈالنے کے لیے۔

کو رہنما - یا کو کنٹرول

صحیفہ اتھارٹی کو ذمہ داری کے طور پر دیکھتا ہے، نہ کہ حقدار۔ آپ کے ساتھ کیا کرتے ہیں اثر و رسوخ شکلیں نہیں صرف نتائج، لیکن **لوگ**

گواہ AS صحیفہ

"کوئی بھی خواہشات کو بن بہت اچھا درمیان تم، دو اسے ہونا آپ کا نوکر۔"

— میتھیو 20:26

".نہیں آقا یہ ختم وہ سپرد کو تم، لیکن ہونا مثالیں"

— پطرس 1 5:3

"کو کسے بہت ہے دیا، بہت مرضی ہونا درکار ہے۔"
— لیوک 12:48
اے نرم ہدایات
اگر آج آپ نے **روک ٹوک قیادت کی مشق کی تو کیا ہوگا ؟** ہر
رائے کا دعویٰ نہیں کرنا۔
نہیں درست کرنا ہر غلطی
سکون کی حفاظت کے لیے اثر و رسوخ کا
استعمال نہ کریں۔ سنو طویل
بولو احتیاط سے
اس آگاہی کے ساتھ عمل کریں کہ آپ کے الفاظ میں وزن ہے۔
اتھارٹی سب سے محفوظ ہے جب اسے ہلکے سے لیا جائے۔
ایس آئی ٹی کے ساتھ TO اے سوال
کرتا ہے۔ آپ کا اثر و رسوخ بنانا لوگ **مزید مفت**
یا مزید محتاط ارد گرد آپ
چلو دی سوال بے نقاب لہجہ نہیں ارادہ
اے سادہ ایکشن
آج، استعمال کریں اتھارٹی کو **حفاظت** ، نہیں کو متاثر

- دعوت دیں۔ ایک اور آواز میں ایک فیصلہ
- جواب کہ کر سکتے ہیں غالب a سست نیچے
- منتخب کریں۔ دیکھ بھال ختم کنٹرول

چلو لوگ محسوس محفوظ کے تحت آپ کا اثر و رسوخ
اے دعا)خاموشی سے بولا گیا(
،باپ
آپ دیکھیں دی اثر و رسوخ آپ ہے سپرد کو میں میرے دل کو
غرور اور غلط استعمال سے بچا۔
سکھائیں میں کو لیڈ کے ساتھ عاجزی اور دیکھ
بھال میرا اختیار تیرے دل کی عکاسی کرے۔
آمین
اے نرم اعلان
میں عاجزی کے ساتھ اثر و رسوخ
رکھتا ہوں۔ میرا اختیار کام کرتا ہے،
کنٹرول نہیں۔
خدا شکلیں دوسرے کے ذریعے میرا وفاداری

دن چھتیس TO دیکھ رہا ہے آگے

کل، دی ٹیسٹ بن جاتا ہے مزید ٹھیک ٹھیک نہیں
-اتھارٹی
لیکن **کارکردگی** ہم
:دریافت کریں گے
دن چھتیس - جب آپ ہیں آزمایا کو انجام دینا
زندہ خط باقی ہے مخلص جب مرئیت بڑھتا ہے a کیسے

دن چھتیس

انجام دینا tempted جب آپ ہیں

A

داخل کریں۔ TO منظرنامہ

شفٹ a آپ نوٹس

آپ ہیں مزید آگاہ کی کس طرح آپ آواز آپ کس
طرح ظاہر ہوتے ہیں اس پر زیادہ توجہ دیں۔
لوگ آپ سے کیا توقع کرتے ہیں اس سے زیادہ محتاط
رہیں۔ کچھ بھی نہیں۔ ہے جھوٹا - لیکن کچھ محسوس کرتا
ہے **منظم** آپ اب بھی صحیح کام کر رہے ہیں۔
پھر بھی کہہ رہا ہے دی صحیح
الفاظ اب بھی دکھائی دے رہا ہے۔
-پھر بھی نیچے یہ تمام، وہاں ہے دباؤ نہ ماننا
لیکن کو **برقرار** رکھنا

خاموش خطرہ The

کارکردگی اکثر بھیس بدلتا ہے خود کے طور پر وفاداری یہ
نظم و ضبط کی طرح لگتا ہے۔
یہ آوازیں پسند عقیدت یہ ذمہ
دار محسوس ہوتا ہے۔
لیکن کارکردگی آہستہ آہستہ بدل دیتا ہے موجودگی
"آپ پوچھنا چھوڑ دیں، "کیا میں سچا ہوں؟
"اور شروع پوچھنا "کیسے؟ ہوں میں ہونا سمجھا؟
صحیفہ کبھی نہیں کالز ہم کو متاثر یہ ہمیں
پابند رہنے کے لیے بلاتا ہے -

گواہ AS صحیفہ

"یہ لوگ اعزازات مجھے کے ساتھ ان کا ہونٹ لیکن ان کا دل ہے دور سے میں۔"

— میتھیو 15:8
"جو بھی ہو۔ آپ کرو کرو یہ دل سے کے طور پر کو دی رب۔"
— کولسیوں 3:23
"یار لگتا ہے پر دی ظاہری ظاہری شکل، لیکن دی رب لگتا ہے پر دی دل۔"
— سموئیل 16:7 1
اے نرم ہدایات
اگر آج آپ **چھپے ہوئے اخلاص پر عمل کریں تو کیا ہوگا**
؟ کوئی ایسا کام کرو جو کسی کو نظر نہ آئے۔
ایمانداری سے بات کریں جہاں کارکردگی آسان ہو گی۔ چلو جاؤ
-کی دی دباؤ کو ظاہر ہونا مسلسل
اور منتخب کریں کو **ہونا** مسلسل
خدا ہے نہیں متاثر کی طرف سے ظاہری
شکل وہ سچائی سے خوش ہوتا ہے۔
ایس آئی ٹی کے ساتھ TO اے سوال
،اگر نہیں ایک تھے دیکھ رہا ہے
کیا آپ کی اطاعت ایک جیسی نظر آئے گی؟
سوال کو خاموشی سے تلاش کرنے دیں۔
اے سادہ ایکشن
آج، رہائی ایک کارکردگی پر مبنی عادت

- دعا کریں۔ بغیر پالش
- سرو کریں۔ بغیر ہونا دیکھا
- اطاعت کرو بغیر سگنلنگ یہ

چلو اخلاص سانس لینا دوبارہ
اے دعا)خاموشی سے بولا گیا(
،باپ
مفت میں سے دی ضرورت کو انجام دیں
میرے دل کو سادہ وفا کی طرف لوٹا دو۔ چلو میرا
اطاعت بہاؤ سے محبت، نہیں دباؤ میں منتخب کریں
اخلاص پہلے آپ
آمین

اے نرم اعلان

میں کرو نہیں انجام دیں کے لیے منظوری
میرا اطاعت بہتی ہے سے سچائی اور محبت خدا
میرے دل کو دیکھتا ہے، اور یہی کافی ہے۔
دن سینتیس TO دیکھ رہا ہے آگے
کل، کشیدگی ایک بار پھر باہر کی طرف بدل جائے
گی۔ اب یہ نہیں ہے کہ آپ کیا کرتے ہیں-
لیکن کیا آپ **کرو نہیں کہنا** ہم
دریافت کریں گے:
دن سینتیس - جب خاموشی ہے آسان سے گواہ
زندہ خط جواب دیتا ہے جب ہمت کی ضرورت ہے a کیسے .

دن سینتیس

جب خاموشی آئی ایس آسان گواہ سے

A

داخل کریں۔ TO منظرنامہ

دی لمحہ گزرتا ہے جلدی سے
. اے تبصرہ بنایا جاتا ہے
. ایک مفروضہ غیر چیلنج جاتا ہے
ایک پرسکون موقع کھلتا ہے اور بند ہوتا ہے۔ آپ
نے محسوس کیا۔
وہ اندرونی دھکا دینا
وہ مختصر آگاہی: میں کر سکتے ہیں بولو یہاں
لیکن آپ نہیں کیا
اس لیے نہیں کہ آپ نے سچائی سے انکار
کیا بلکہ اس لیے کہ خاموشی آسان
محسوس ہوئی۔

خاموش تناؤ The

خاموشی شاذ و نادر ہی غیر
جانبدار ہوتی ہے۔ کبھی
کبھی یہ ہے حکمت کبھی
کبھی یہ ہے تحمل
لیکن کبھی کبھی یہ ہے خوف بھیس میں کے طور پر امن
صحیفہ کبھی بھی ہمیں مسلسل بات کرنے کے لیے نہیں بلاتا۔
لیکن جب سچائی کو آواز کی ضرورت ہوتی ہے تو یہ ہمیں وفادار رہنے
کا مطالبہ کرتا ہے۔ خطرہ بلند آواز سے اپوزیشن نہیں ہے۔
یہ ہے خاموش بھول

گواہ AS صحیفہ

"کوئی بھی انکار کرتا ہے مجھے پہلے مرد اسے میں مرضی بھی انکار پہلے میرا باپ۔"
— میتھیو 10:33
"چلیں آپ کا روشنی تو چمک پہلے مرد۔"

— میتھیو 5:16
".اگر تم اس وقت خاموش رہو گے تو دوسرے سے راحت اور نجات پیدا ہو گی۔ جگہ"
— ایسٹر 4:14
اے نرم ہدایات
کیا اگر آج آپ مشق **بہادر نرمی** نہیں دلیل
نہیں تصادم نہیں
کارکردگی
صرف سچ - جب ضرورت ہو تو سکون سے، احترام سے، اور واضح طور پر
بولا جائے۔ آپ ہیں نہیں ذمہ دار کے لیے کس طرح سچائی ہے موصول
.آپ ہیں ذمہ دار کے لیے چاہے یہ ہے روک لیا
ایس آئی ٹی کے ساتھ TO اے سوال
،جب آپ رہنا خاموش
ہے یہ کیونکہ حکمت کالز کے لیے یہ -
یا اس لیے کہ خوف ہے؟
چلو دی سوال الگ دی دو
اے سادہ ایکشن
آج، ایک بار بولیں جہاں آپ عام طور پر خاموش رہتے تھے۔ نہیں
زور سے
نہیں دفاعی طور پر
بس ایمانداری سے
اے جملہ
اے سوال
اے خاموش وضاحت
چلو آپ کا زندگی ہونا پڑھیں **بلند آواز** سے
اے دعا)خاموشی سے بولا گیا(
،باپ
مجھے یہ جاننے کی سمجھ عطا فرما کہ خاموشی کب حکمت ہے
اور کب پرہیزگاری۔
مضبوط کرنا میں کو بولو سچائی کے ساتھ عاجزی اور ہمت میں
منتخب کریں وفاداری ختم آرام
آمین
اے نرم اعلان
میں کرو نہیں چھپائیں میرا ایمان میں خاموشی

میں تب بولتا ہوں جب سچ کو آواز کی
ضرورت ہوتی ہے۔ خدا دیتا ہے میں ہمت کے
ساتھ نرمی
دن اڑتیس TO دیکھ رہا ہے آگے
کل، دی ٹیسٹ ہے نہیں ہمت - یہ **برداشت**
ہے.
:ہم مرضی دریافت کریں
دن اڑتیس - جب آپ ہیں تھکا ہوا کی ہونا مسلسل
زندہ خط باقی ہے وفادار جب تھکاوٹ سیٹ میں a کیسے

دن اڑتیس

جب آپ ہیں تھکا ہوا آف مسلسل ہونا

A

داخل کریں۔ TO منظرنامہ

کچھ بھی نہیں۔ ہے غلط
وہاں ہے نہیں بحران
نہیں تنازعہ
نہیں ڈرامائی ناکامی بس
تکرار
وہی انتخاب۔ دی ایک ہی
نظم و ضبط
دی ایک ہی وفاداری کا دن کے بعد دن آپ
حوصلہ شکنی نہ کریں۔
آپ ہیں **تھکا** ہوا
:سوچا شکلیں a ،اور کہیں نیچے دی تھکاوٹ
کرتا ہے۔ یہ اب بھی معاملہ

The خاموش تھکاوٹ

مستقل مزاجی شاذ و نادر ہی بہادر
محسوس ہوتی ہے۔ یہ کسی کا دھیان
نہیں لگتا۔
غیر منایا گیا۔ عام
صحیفہ کبھی نہیں تسبیح کرتا ہے حوصلہ افزائی ۔ یہ اعزازات برداشت وفاداری ختم
ت شکلیں کردار مزید گہرائی سے سے لمحات کی شدت کبھی کر سکتے ہیں
دی خطرہ ہے نہیں روکنا بالکل
یہ ہے **بہہ جانا** ــــڈھیلا کرنا معیارات کیونکہ تھکاوٹ سرگوشی اجازت

گواہ AS صحیفہ

"چلیں ہم نہیں بڑھنا تھکا ہوا جبکہ کر رہا ہے اچھا۔"

— گلیاتیوں 6:9
"وہ ڈبلیو ایچ او برداشت کرتا ہے کو دی اختتام کرے گا ہونا بچایا۔"
— میتھیو 24:13
"ہو ثابت قدم، غیر منقولہ ہمیشہ بہت زیادہ میں دی کام کی دی رب۔"
— کرنتھیوں 15:58 1

اے نرم ہدایات

اگر آج آپ نے **احساس کیے بغیر وفا کی عزت کی تو کیا ہوگا ؟** حوصلہ افزائی کی تلاش نہ کریں۔
تجدید کا انتظار نہ کریں۔ بس
باقی
مستقل مزاجی جذبات سے قائم نہیں رہتی - یہ یقین سے برقرار رہتی ہے۔

ایس آئی ٹی کے ساتھ TO اے سوال

کیا تم فرمانبرداری کو ڈھیل دینے کے لیے آمادہ
-ہو اس لیے نہیں کہ یہ غلط ہے
لیکن کیونکہ آپ ہیں تھکا ہوا
چلو دی سوال نام کیا آپ محسوس

اے سادہ ایکشن

آج، دہرائیں ایک وفادار مشق **پر مقصد** نہیں خود بخود
نہیں ناراضگی
سے لیکن شعوری
طور پر
چلو آپ کا مستقل مزاجی بن ایک عمل کی عبادت

اے دعا)خاموشی سے بولا گیا(

،باپ
آپ دیکھیں دی تھکاوٹ میں لے جانا
مضبوط کرنا میں کو باقی وفادار جب توانائی ہے کم میری برداشت کی تجدید کرو — جوش سے نہیں، بلکہ فضل کے ساتھ میں رہنے کا انتخاب کرتا ہوں۔
آمین

اے نرم اعلان

میں باقی وفادار یہاں تک کہ جب میں ہوں تھکا ہوا

خدا کا فضل برقرار رکھتا ہے میرا مستقل
مزاجی میری اطاعت اب بھی اہمیت رکھتی
ہے۔
دن انتیس TO دیکھ رہا ہے آگے
کل، دی توجہ مرکوز چوڑا
آپ کا زندگی ہے ہونا پڑھیں - نہیں اتفاق سے لیکن **قریب**
:سے ہم دریافت کریں گے
دن انتیس - جب آپ کا زندگی ہے پڑھیں قریب سے
کیسے سیدھ بولتا ہے زور سے سے ارادہ

دن انتیس

جب آپ کا زندگی آئی ایس پڑھیں قریب سے

A

داخل کریں۔ TO منظرنامہ

آپ نوٹس یہ بغیر ہونا بتایا
کوئی گھڑیاں کس طرح آپ جواب دیں
نہیں کیا آپ کہو - لیکن کیا آپ کرو اگلا آپ کے یقین
نہیں بلکہ آپ کی مستقل مزاجی ہے۔ وہ سوال نہیں
کرتے۔
وہ کرو نہیں چیلنج آپ وہ محض
مشاہدہ کرتے ہیں۔
آپ کی زندگی پڑھی جا رہی
ہے — آہستہ آہستہ، احتیاط
The سے، خاموشی سے۔

سوبر حقیقت

نہیں تمام قارئین اعلان خود کچھ خاموشی سے
پڑھتے ہیں۔
کچھ پڑھیں ختم وقت
کچھ پڑھیں نہیں کے لیے الہام، لیکن کے لیے **تصدیق**
صحیفہ سکھاتا ہے کہ ایمان ہے آخر کار جانچ پڑتال - نہیں کی طرف سے نیت، لیکن
کی طرف سے پھل جب زندگی ہیں پڑھیں قریب سے، سیدھ معاملات مزید سے وضاحت
مستقل مزاجی ساکھ بن جاتی ہے۔ دیانت
واضح ہو جاتی ہے۔

گواہ AS صحیفہ

".آپ مرضی جانتے ہیں انہیں کی طرف سے ان کے پھل"
— میتھیو 7:16
"چلیں آپ کا طرز عمل ہونا قابل کی دی انجیل کی مسیح۔"
— فلپیئنز 1:27

"فراہم کریں۔ چیزیں ایماندار میں دی نظر کی تمام مرد۔"
— رومیوں 12:17

اے نرم ہدایات
کیا ہوگا اگر آج آپ **خاموش صف بندی کی مشق کریں ؟**
نہیں اعلانات
نہیں ایڈجسٹمنٹ کے لیے ظاہری شکل
کوئی منتخب اطاعت نہیں۔
بس زندہ دی ایک ہی طریقہ -
چاہے دیکھا یا نہیں
صف بندی کے لیے کوشش کی ضرورت
نہیں ہے۔ اس کے لیے **ایمانداری کی**
ضرورت ہے -
ایس آئی ٹی کے ساتھ TO اے سوال
اگر کوئی پیروی کی آپ کا زندگی قریب سے کے لیے ایک
ہفتہ، وہ کون سی انجیل سمجھیں گے؟
کرو نہیں جواب جلدی سے
چلو دی سوال دیر **اے سادہ**
ایکشن
آج، ہٹا دیں ایک عدم مطابقت نہیں عوامی
طور پر
نہیں ڈرامائی طور
پر لیکن جان بوجھ
کر
چلو اطاعت بن ہموار
اے دعا)خاموشی سے بولا گیا(
،باپ
اپنی زندگی کو اس سچائی کے ساتھ ترتیب دیں
جس کا میں دعویٰ کرتا ہوں۔ میرے طرز عمل
کو واضح طور پر مسیح کے بارے میں بولنے دو۔
ایسے تضادات کو دور کریں جو گواہ کو الجھا دیتے ہیں۔
میں آپ کے سامنے سالمیت کا انتخاب کرتا ہوں۔
آمین
اے نرم اعلان
میرا زندگی عکاسی کرتا ہے دی انجیل میں
یقین میں صف بندی اور سالمیت میں چلتا
ہوں۔
مسیح ہے واضح طور پر دیکھا کے ذریعے میرا اطاعت

دن چالیس TO دیکھ رہا ہے آگے

سبق یہ ایک a کل ہے نہیں

بھیجنا ہے -

-آپ مرضی نہیں ہونا پوچھا کو سیکھیں مزید

آپ مرضی ہونا پوچھا کو زندہ جان بوجھ کر دن
چالیس - اب جاؤ، اور ہو پڑھیں

دن چالیس

ابھی جاؤ - اور بی ای پڑھیں

A

داخل کریں۔ TO فائنل منظر

آپ ہے پہنچ گئے دی اختتام کی دی صفحات

وہاں ہے نہیں تالیاں

نہیں نتیجہ لپیٹ صفائی سے بس اسی

لمحے۔۔۔

خاموش آگاہی کہ مزید کچھ سیکھنے کی ضرورت نہیں ہے — صرف

رہتے تھے

قاری آپ ہیں a آپ ہیں نہیں طویل صرف

اب دی تسلسل **آخری سچائی**

صحیفہ تھا کبھی نہیں مطلب کو اختتام پر کاغذ یہ تھا

مطلب کو ہونا **مجسم**

آپ کو ان دنوں جو کچھ ملا ہے وہ صرف معلومات نہیں تھی۔ یہ تشکیل تھی۔

سیدھ

دعوت نامہ۔

اب، آپ کا زندگی بن جاتا ہے دی متن گھر

والوں کی طرف سے پڑھیں۔

پڑھیں کی طرف سے اجنبی

پڑھیں کی طرف سے وہ ڈبلیو ایچ او کبھی نہیں

.بائبل .خود خدا کی طرف سے پڑھیں a کھلا

فائنل گواہ AS صحیفہ

"آپ ہیں ہمارے خط... جانا جاتا ہے اور پڑھیں کی طرف سے تمام مرد۔"

— کرنتھیوں 2:3-3 2

".بذریعہ ان کا پھل آپ مرضی جانتے ہیں انہیں"

— میتھیو 7:16

".جیسے دی باپ ہے بھیجا میں، میں بھی بھیجیں آپ"
جان 20:21 -
بنائیں)پڑھیں۔ آہستہ سے (TO اے عہد
آج، آپ ہیں نہیں پوچھا کو وعدہ کمال آپ ہیں پوچھا کو وعدہ
وفاداری
ایمانداری سے جینا۔
کو توبہ جلدی سے
خاموشی سے
اطاعت کرنا۔ گہری
محبت کرنا۔
ثابت قدمی سے برداشت
کرنا۔ نہیں کو ہونا متاثر کن -
لیکن **سچ** ہونا -
اے ذاتی عزم
(پڑھیں۔ بلند آواز سے اگر ممکن ہے)
زندہ خط کی مسیح میں a میں عزم کو زندہ کے طور پر
منتخب کریں اطاعت ختم سہولت
کارکردگی پر سچائی۔ وفا داری ختم
منظوری
میں مرضی اجازت دیں میرا زندگی کو ہونا پڑھیں واضح طور پر
میں مرضی چلنا میں سیدھ جب نہیں ایک دیکھتا ہے
میں مرضی نمائندگی مسیح کے ساتھ عاجزی اور ہمت
میری جان اللہ کی ہے۔
میرا گواہ تعلق رکھتا ہے کو دی دنیا آمین
اے فائنل اعلان
میں ہوں لکھا ہوا کی طرف سے دی روح کی دی
زندہ خدا میری زندگی مسیح کی خوشخبری کی
عکاسی کرتی ہے۔
میں اپنی نسل میں ایک وفادار گواہ ہوں۔ میں جاؤ
اب - کرنے کے لئے زندہ کیا میں یقین
اے بھیج رہا ہے۔ دعا
،باپ
ہم رہائی یہ قاری میں دی دنیا کے طور پر آپ کا زندہ خط ان کی سالمیت
کی حفاظت کریں۔

مضبوط کرنا ان کا اطاعت
چلو ان کا زندگی بولو واضح طور پر کہاں الفاظ ناکام

مئی مسیح ہونا دیکھا کے ذریعے انہیں پھل
سچائی کی گواہی دے سکتا ہے۔
مئی ان کا گواہ برداشت کرنا
- بھیجیں۔ وہ
نہیں کو انجام دینا
لیکن کو زندہ ایمانداری سے پہلے آپ آمین
ابھی جاؤ
بند دی کتاب
کھولیں۔ آپ کا
زندگی اور پڑھا
جائے۔

نتیجہ

گواہی جاری ہے - The - صفحہ ختم The

T اس کا کتاب تھا کبھی نہیں مطلب کو ہونا مکمل اور سیٹ ایک طرف
موڑ a یہ تھا مطلب کو **نشان**

آپ جو گزرے ہیں وہ محض عقیدت کی ترتیب، تاریخی عکاسی یا روحانی مشق نہیں ہے۔ یہ زندگی گزارنے کے طریقے کی دعوت ہے - صحیفہ خود مطالبات لیکن ثقافت اکثر زندگی کہ کر سکتے ہیں ہونا **پڑھیں** a :اجتناب

عیسائی عقیدے کو کبھی بھی صفحات، منبروں تک محدود رہنے کے لیے ڈیزائن نہیں کیا گیا تھا۔ یا نجی یقین سے دی شروع، خدا کا ارادہ ہے واضح ہو گیا—اس کی سچائی دلوں پر لکھی جائے گی، زندگیوں کے ذریعے ظاہر کی جائے گی، اور ظاہر پھل کے ذریعے دنیا کی طرف سے تشریح کی جائے گی۔

زندہ **خط** a یہ ہے دی وزن کی ہونا

دی زندگی کی آگسٹین یاد دلاتا ہے ہم کہ تبدیلی ہے نہیں فوری، فرمانبرداری آسان نہیں ہے، اور وفاداری بے قیمت نہیں ہے۔ اس کے باوجود اس کی مستقل گواہی بھی اتنی ہی اہم چیز کو ثابت کرتی ہے :جب زندگی ہتھیار ڈال دی جاتی ہے۔ کو خدا کا تصنیف، یہ بن جاتا ہے پڑھنے کے قابل اس پار صدیوں

وہی روح جس نے آگسٹین کے دل پر لکھا تھا اب آپ پر لکھتا ہے۔ دی نتیجہ کی یہ کتاب کرتا ہے نہیں پوچھنا آپ کو تعریف کرنا کہ سچائی
یہ پوچھتا ہے آپ کو **مجسم** یہ

اس مقام سے آگے، آپ کی زندگی بولتی رہے گی - چاہے جان بوجھ کر ہو یا نہیں۔ اسے نجی فیصلوں میں، غیر محفوظ لمحوں میں، مصائب اور برداشت میں، اختیار اور عاجزی میں، توبہ اور استقامت میں پڑھا جائے گا۔

رہ گیا سوال یہ نہیں کہ کیا آپ کی زندگی پڑھی جائے گی۔ یہ **کیا ہے یہ**
مرضی کہنا
مئی یہ بولو سچائی بغیر تحریف

یہ کارکردگی کے بغیر پھل دے .مئی یہ عکاسی

مسیح بغیر سمجھوتہ

اور جب آپ کی زندگی کا جائزہ لیا جائے — لوگوں کے ذریعے، وقت کے لحاظ سے، اور بالآخر خُدا کے ذریعے — یہ واضح ہو سکتا ہے کہ آپ نے زندہ خُدا کی روح کو آزادانہ، وفاداری اور مکمل طور پر لکھنے کی اجازت دی۔

دی کتاب بند کرتا ہے یہاں

دی گواہ کرتا ہے نہیں

جاؤ - اور زندہ کیا آپ یقین

ایکشن TO کال کریں۔

اے شراکت داری کے لیے دی فصل

A جب آپ اس کتاب کو بند کرتے ہیں، ہم آپ کو دعوت دیتے ہیں کہ سفر کو ایک قدم اور آگے لے جائیں۔ صرف میں آپ کا اپنے زندگی، لیکن میں دی زندگی کی بے شمار روحیں

اس پار دی قومیں

اگر دی پیغامات سے خدا کا عقاب وزارتیں)جی ای ایم(ہے مضبوط، بیدار، یا دوبارہ منسلک آپ کا دل ہم عاجزی سے پوچھنا آپ کو دعا کے ساتھ **شراکت** پر غور کریں **کے ساتھ ہم کے لیے دی خاطر کی دی فصل** دی دنیا ہے بھوکا کے لیے سچائی، امید، اور روح القدس کی نرم لیکن غیر واضح آواز، اور ہم مل کر کر سکتے ہیں۔ جگہ یہ پیغامات کہاں وہ ہیں ضرورت ہے زیادہ تر

روحانی نیٹ کاسٹ قوموں، دیہاتوں، a ہم یقین میڈیا ہے مزید سے ٹیکنالوجی - یہ ہے شہروں اور پوشیدہ مقامات کی گہرائی میں۔ فلم، ویڈیو، ریڈیو، اور ڈیجیٹل کے ذریعے چرچ، a ہے پہنچنا لوگ ڈبلیو ایچ او ہو سکتا ہے کبھی نہیں داخل کریں GEM ،وزارت لیکن کس کا دل ہیں چوڑا کھلا کو سامنا دی زندہ مسیح

: آپ کا شراکت داری ہماری مدد کرتا ہے

1. پیدا کرنا روح سے معمور فلم اور ویڈیو مواد

وہ کہانیاں اور تعلیمات جو یسوع کی محبت کو شفا بخشتی ہیں، متاثر کرتی ہیں اور واضح، متعلقہ، زندگی کو بدلنے والے طریقوں سے ظاہر کرتی ہیں۔

2. براڈ کاسٹ دی انجیل پر ریڈیو

خدا کے کلام کو جیلوں، ہسپتالوں، دیہی برادریوں اور دور دراز مقامات پر لے جانا اس سے آگے انٹرنیٹ جہاں پہنچنا امید ہے نایاب اور سچائی ہے قیمتی

3. پھیلائیں۔ ہماری سماجی میڈیا پڑھانا اور شاگردی مہمات

روزانہ کی عبادتیں، دعائیں، اور تعلیمات جو مومنوں کو مضبوط کرتی ہیں، خاندانوں کو بحال کرتی ہیں اور عالمی سطح پر شاگردوں کو لیس کرتی ہیں۔

کیوں آپ کا حمایت معاملات

بیج کی روشنی a ہر پیغام جاری بن جاتا ہے

لہر کی تبدیلی a ہر تعلیم بن جاتا ہے
ہر عمل کی سخاوت بن جاتا ہے حصہ کی خدا کا عالمی فصل
آپ کا دینا مدد کرتا ہے یہ وزارت پہنچنا روحیں ہم ہو سکتا ہے کبھی نہیں ملنا پر زمین،
بکن کرے گا ضرور ملنا میں ابدیت وہاں ہے نہیں طے شدہ رقم - دینا صرف کے طور پر
حصہ میں پیش قدمی دی a دی رب رہنمائی کرتا ہے۔ آپ ہر تحفہ بڑا یا چھوٹا، کھیلتا ہے
ادشاہی

کو ساتھی یا دیں:

PayPal: https ://www .paypal.com/ncp/payment/D6NEFW56KG8LU **Tithe.ly:** https://tithe.ly/give?c=308311

فلٹر ویو - https://flutterwave.com/donate/bbkpkokehxlw

تمام دینا ایوینیوز

https ://www .ot akada.org/partnership-giving

ہمارے ساتھ کھڑے ہونے کا شکریہ۔
شکریہ آپ کے لیے بوائی میں دی فصل
شکریہ آپ کے لیے مدد کرنا ہم لانا دی پیغام کی مسیح کو دی قومیں
خُداوند آپ کو کثرت سے برکت دے، آپ کو کثرت سے بڑھائے، اور ہر اُس بیج کو جو آپ
س کے جلال کے لیے بوتے ہیں۔
میں یسوع کا طاقتور نام آمین

سفیر پیر اے اوگبی، زکریا گوڈ سیگل آرام لاڈی اوگبے -

[1] www.otakada.org (GEM) بانی، خدا کی عقاب وزارتیں

1. http://www.otakada.org

نیا مسیح کے a کیسے کو ہو پیدا ہوا دوبارہ اور شروع کریں۔ ساتھ زندگی

M aybe آپ نے چل دیا کے ساتھ یسوع پہلے یا شاید آپ نے صرف ملاقات کی اس کے
ذریعے یہ 40 دن لیکن صحیح اب کچھ اندر آپ ہے ہلچل
تم ہو تیار کے لیے مزید سے مذہب تم ہو
تیار کے لیے رشتہ
تم ہو تیار کو کہو "یسوع، میں ضرورت تم۔ "یہاں
:حقیقت ہے
کیونکہ سب نے گناہ کیا ہے؛ ہم سب خُدا کے شاندار معیار سے کم ہیں ...پھر "
"بھی خُدا، میں اس کا فضل، آزادانہ طور پر بناتا ہے ہم صحیح میں اس کا نظر
رومیوں 3:23-24)این ایل ٹی(-
آپ نہیں کر سکتے کمائیں نجات
آپ خود کو ٹھیک نہیں کر
سکتے۔
.لیکن یسوع پہلے ہی ادا کیا دی مکمل قیمت - اور وہ انتظار کو خوش آمدید آپ گھر
کیسے کو ہو پیدا ہوا دوبارہ
ہونا پیدا ہوا دوبارہ مطلب ہتھیار ڈالنا آپ کا زندگی کو یسوع - قبول کرنا اس کی بخشش، یقین رکھتے ہوئے کہ وہ مر گیا اور دوبارہ جی اٹھا، اور اسے اپنے رب کے طور پر قبول کرنا اور نجات دہندہ۔
یہ ہے سادہ یہ ہے طاقتور یہ تبدیلیاں سب کچھ یہ دعا بلند آواز
:سے کریں
رب یسوع، میں یقین آپ ہیں دی بیٹا کی خدا میں یقین آپ "
مر گیا کے لیے میرا گناہ اور گلاب دوبارہ
میں اقرار کہ میں ہے گناہ کیا اور میں ضرورت آپ کا معافی آج، میں توبہ
اور موڑ سے میرا پرانا طریقے
میں دعوت دینا آپ میں میرا زندگی کو ہونا میرا رب اور نجات
.دہندہ۔ دھونا میں صاف بھرنا میں کے ساتھ آپ کا روح
میں اعلان میں ہوں پیدا ہوا دوبارہ، معاف کر دیا، اور مفت

سے یہ دن آگے، میں مرضی پیروی کریں آپ - اور میں
مرضی زندہ میں آپ کا قدم
"شکریہ آپ کے لیے بچت میں میں یسوع کا نام، آمین۔
اگلا قدم کے بعد نجات

1. .مومن آپ کو اعتماد ہے a **بتاؤ کوئی** - شیئر کریں۔ آپ کا فیصلہ کے ساتھ
2. برادری کہ سکھاتا ہے خدا کا کلام a **بائبل پر مبنی چرچ** - شمولیت a **تلاش کریں۔**
   https ://www اور زندگی یہ باہر وزٹ کریں۔ خدا کا عقاب وزارتیں آن لائن
   .ot akada.org یا https://chat.whatsapp.com/
   کے ذریعے H67spSun32DDTma8TLh0ov
3. .**حاصل کریں۔ بپتسمہ دیا** - لے لو دی اگلا قدم عوامی طور پر کو اعلان آپ کا ایمان
4. **پڑھیں دی بائبل روزانہ** - شروع کریں۔ کے ساتھ دی انجیل کی جان
5. دوست اور باپ a **دعا کریں۔ ہر دن** - بات کرنا کو خدا کے طور پر
6. **جڑے رہیں** - اپنے آپ کو ایسے لوگوں سے گھیر لیں جو آپ کی نئی واک کی حوصلہ افزائی کرتے ہیں۔
7. **شاگردی عمل کے اندر دی برادری** - ترقی کرنا ایک پر ایک رشتہ a **شروع کریں۔**
   کے ساتھ یسوع مسیح کے ذریعے یہ لنکس

40 1 دن کی شاگردی - https ://www .ot akada.org/get-free-40-days-online-
سوع کے ساتھ سفر میں شاگردی کا کورس

40 2 شاگردی - https ://www .ot akada.org/get-free-40-days-dna-of-
ناگردی-سفر-یسوع-کے-ساتھ-سیریز-2

میرا نجات لمحہ

: **تاریخ**___________________________

: **دستخط**___________________________

نیا تخلیق دی پرانا ہے گزر گیا دور، a اگر کوئی بھی ہے میں مسیح، وہ ہے"
"!دی نیا ہے آو

کرنتھیوں 5:17 2 -

سرٹیفکیٹ کی نیا زندگی میں مسیح

جات اعلان - پیدا ہوا دوبارہ فضل کی طرف سے

یہ تصدیق کرتا ہے کہ

____

(مکمل نام)

ہے عوامی طور پر اعلان کیا **ایمان میں یسوع مسیح**

کے طور پر رب اور نجات دہندہ اور ہے موصول دی مفت تحفہ کی اس

کی موت اور قیامت کے ذریعے نجات .

اگر آپ کھلے عام اعلان کہ یسوع ہے رب اور یقین میں آپ کا دل کہ خدا نے "

اٹھایا اسے سے دی مردہ آپ مرضی ہونا بچایا۔"

رومیوں 10:9)این ایل ٹی(-

اس دن جنت خوشیاں مناتی ہے اور ایک نیا سفر شروع ہوتا ہے۔

: فیصلے کی تاریخ________________________________

: دستخط____

نجات اعلامیہ

آج، میں ہتھیار ڈالنا میرا زندگی کو یسوع مسیح"

میں یقین وہ مر گیا کے لیے میرا گناہ اور گلاب دوبارہ

میں وصول کریں اسے کے طور پر میرا رب اور

نجات دہندہ۔

میں ہوں معاف کر دیا، پیدا ہوا دوبارہ، اور بنایا نیا

سے یہ لمحہ آگے، میں مرضی چلنا میں اس کا قدم ".خدا کے

!خاندان میں خوش آمدید

آپ کا نام ہے لکھا ہوا میں دی میمنے کا کتاب کی زندگی .آپ کا

کہانی ہے صرف آغاز - اور یہ ہے ابدی

جڑیں۔ کے ساتھ خدا کا ایگل وزارتیں

- ویب سائٹ: www.otakada.org [1]
- دولت پرے فکر کرو سلسلہ: www.wealthbeyondworryseries.com [2]
- ای میل: ambassador@otakada.org

- **حمایت یہ کام:**

سپورٹ کنگڈم منصوبے، مشنز، اور مفت عالمی عہد کی قیادت میں دینے کے ذریعے وسائل.
کوڈ کو دینا QR اسکین کریں۔

https://tithe.ly/give?c=308311

آپ کا سخاوت مدد کرتا ہے ہم پہنچنا مزید روحیں ترجمہ وسائل، مشنریوں کی حمایت، اور تعمیر شاگردی نظام عالمی سطح پر شکریہ آپ!

1. https : //www.ot akada.org
2. https ://www .w ea l thbeyondworryseries.com

مصنف BIO

زکریا گوڈ سیگل

مصنف • استاد • وژنری لیڈر

A Zacharias Godseagle کلام کا ایک پرجوش استاد اور مسیح کے جسم کے
یے ایک سمجھدار آواز ہے۔ روحانی بصیرت کے لئے ایک منفرد فضل لے کر، زکریا
مانداروں کو پاکیزگی، خدا پرستی، اور مسیح a وزراء کے ساتھ وضاحت، پیشن گوئی گہرائی، اور
ے سامنے مستند ہتھیار ڈالتے ہوئے دیکھنے کی دل جلانے والی خواہش۔
کے کام میں ایک شریک مزدور کے طور پر، وہ (GEM) خدا کی عقاب وزارتوں
یک کردار ادا کرتا ہے اہم کردار میں تشکیل شاگردی مواد، صحیفہ روشنی، اور میڈیا پر
بنی آؤٹ ریچ کہ چھوتا ہے زندگی اس پار ڈیجیٹل اور جسمانی سرحدیں اس کا تحریریں
وجہ مرکوز پر اندرونی تبدیلی، اطاعت، اور دی بحالی مسیح کا مومن کے دل کے تخت پر۔
زکریا ایک سادہ یقین کے ذریعہ کارفرما ہے :**جب دل سیدھا ہوتا ہے، تقدیر سیدھ**
وہ تدریس، سرپرستی، اور روح سے بھرپور تخلیقی منصوبوں کے ذریعے عالمی
سطح پر سامعین تک پہنچنا جاری رکھے ہوئے ہے۔

سفیر پیر اے اوگبے

صنف •مشنری کمیونیکیٹر •بانی، خدا کی عقاب وزارتیں)جی ای ایم(

God's Eagle Ministries (GEM) کے بانی ہیں — ایک عالمی مشن جس کا
ینڈیٹ ہے "لوگوں کو جوڑنا کو خدا کے ذریعے اس کا لفظ" جانا جاتا ہے۔ کے لیے اس کا
مدید جذبہ کے لیے سچائی، جذباتی کہانی سنانے، اور پیشن گوئی کی تعلیم، وہ پوری
وموں کے ذریعے خدمت کرتا ہے۔ تحریر پوڈ کاسٹنگ، فلم سازی، ڈیجیٹل انجیلی بشارت،
ور شاگردی

ثقافتی مسح a قیادت، میڈیا اور مشنز کے پس منظر کے ساتھ، سفیر پیر لے جاتا ہے کرنا کہ گونجتا ہے سے افریقہ کو ایشیا، امریکہ، یورپ اور مشرق وسطیٰ۔ اس کی تعلیمات مومن کے دل کی چھپی ہوئی لڑائیوں کا مقابلہ کرتی ہیں - لالچ، شناخت کی جدوجہد، روحانی تسکین، اور دی ٹھیک ٹھیک کٹاؤ کی قربت کے ساتھ خدا

وہ متعدد عقیدتوں، کتابوں کی سیریز، اور ملٹی میڈیا تعلیمات کے مصنف ہیں جو کے ڈیجیٹل پلیٹ فارمز کے ذریعے لاکھوں تک پہنچتے ہیں۔ GEM اور otakada.org

اس کا زندگی پیغام ہے سادہ لیکن گہرا:

".جب مسیح بیٹھتا ہے پر دی مرکز، سب کچھ اور لیتا ہے اس کا حقدار جگہ"

آرام لاڈی اوگبے

مصنف • انٹرسیسر • شریک مزدور میں وزارت

کمفرٹ لاڈی اوگبے ایک مصنف، شفاعت کرنے والے، اور بادشاہی تفویض میں شریک a مزدور ہیں کی خدا کا عقاب وزارتیں تحفے میں دیا گیا۔ کے ساتھ ہمدردی، تفہیم، اور پرورش روح، وہ لاتا ہے جذباتی گہرائی اور روحانی گراؤنڈنگ ہر اس منصوبے کو جس کو وہ چھوتی ہے۔

عاجزی کی خوشبو رکھتی ہیں ، حکمت، اور مندمل ہونا۔ آرام وزراء کے ذریعے مشاورت، دعا، شاگردی، اور تخلیقی تعاون، خاص طور پر ایسے کاموں میں جو خاندان کی بحالی، روحانی پختگی، اور دل کی تبدیلی پر زور دیتے ہیں۔

ایک مصنف کے طور پر، وہ زندہ تجربے اور روحانی یقین کے مقام سے لکھتی ہیں، قارئین کو مسیح میں مکمل ہونے کے لیے وضاحت، سکون اور حوصلہ افزائی پیش کرتی ہیں۔

سکون مومنوں کو نہ صرف علم میں، بلکہ روزمرہ کی زندگی میں - جہاں دل بھروسہ کرنا، ہتھیار ڈالنا اور پھلنا پھولنا سیکھتا ہے، خدا کا تجربہ کرنے میں مدد کرنے کے لیے پرعزم ہے۔

مصنف صفحہ:

https ://www .am azon.com/stores/Zacharias-Godseagle/author/ B0FCZ89D4K

تجویز کردہ کتابیں اور وسائل

تجدید 7
شفا دی دل کی آپ کا گھر میں 7 دن تجدید سلسلہ -
خاندان اتحاد ایڈیشن

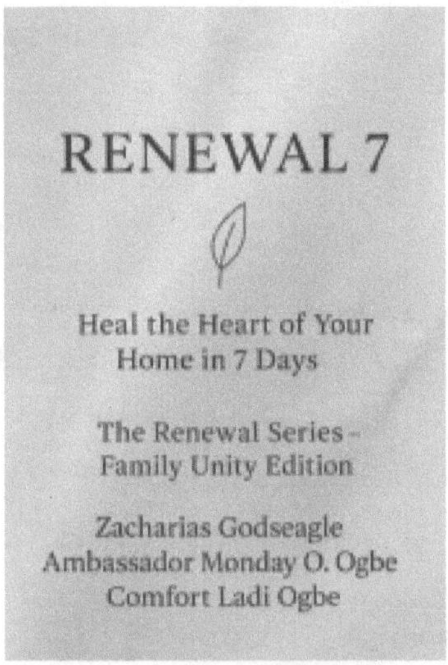

لنک کو کتاب پیپر بیک - https://shop.ingramspark.com/b/
084?params=htyfL002e1JzyEpZWkKtaXWF5FJ1jZFOjgiQKEfcbnw نک
کو ایمیزون صفحہ پیپر بیک - https ://www .am azon.com/RENEWAL- Heal-Heart-Your-Renewal/dp/B0GD92153W

ایمیزون ای بک سے لنک - https ://www .amazon.com/RENEWAL-Heal-Heart-Your-Renewal-ebook/dp/B0G91BMFND

- ME اسکین کریں۔

تجدید 7: شفا دی دل کی آپ کا گھر میں 7 دن

دی تجدید سلسلہ - خاندان اتحاد ایڈیشن

پیپر بیک کا لنک - https://shop.ingramspark.com/b/084?params=nSEElv9oUsItOu5akVZlg4ycGbbmvlBOtSiqeOZr5yQ

ایمیزون پیپر بیک سے لنک - https ://www .am azon.com/RENEWAL-MARRIAGE-Heart-Marriage-Renewal/dp/B0GDC1YZJ7

ایمیزون ای بک کا لنک - https ://www .am azon.com/RENEWAL-MARRIAGE-Heart-Marriage-Renewal-ebook/dp/B0G6JXJWJL

دل - 12 لڑائیاں ہم ضروری ہے جیت The تخت آف The

لالچ- https ://www .am azon.com/THRONE-HEART- ایمیزون ای بک - جعلی مواد-ebook/dp/ B0G4SPFRY7

لالچ- https ://www .am azon.com/THRONE-HEART- ایمیزون پیپر بیک - جعلی مواد/dp/ B0G4TKW1ND

INGRAMSPARK سے پیپر بیک - https://shop.ingramspark.com/b/084?params=a75LJXtvvI63VnzeQPleQTkAJWfu8CPQV6l5Oe31D80

زکریا گوڈ سیگل کے ساتھ آڈیو لنک BY میں 1 خطبات 4

ایمیزون ای بک لنک - https ://www .am azon.com/Sermons-Zacharias-Godseagle-Audio-links-ebook/dp/B0G4XCH4TW

ایمیزون پیپر بیک - https ://www .am azon.com/Sermons-
Zacharias- Godseagle-Audio-links/dp/B0G4TK4XGT

پیپر بیک انگرام اسپارک لنک - https://shop.ingramspark.com/b/
084?params=nK2JERskkbhdAOSNseTUNRhaCFqUPZuhB4uYfqrXvGb

کوڈ: اے آئی بیداری PILGRIM

ای بک - https ://www .am azon.com/Logos-Protocol-Awakening-artificial-intelligence-ebook/dp/B0FXNQFSWZ

پیپر بیک - https ://www .am azon.com/Logos-Protocol-Awakening- artificial-intelligence/dp/B0FXNGR66D

ہارڈ بیک - https ://www .am azon.com/Logos-Protocol-Awakening- artificial-intelligence/dp/B0FZNTQR6Y

پیپر بیک Ingramspark - https://shop.ingramspark.com/b/084?params=QkK4aNYTYO9U5z9uOkdHgc7Ue1eGDLqbb1tz9WRPaSk

کیوں نجات ناکام ہو جاتا ہے۔ - اور کیسے دی آگ کی خدا بحال کرتا ہے۔ دی روح: روزانہ 40
اعلانات کے لیے آل راؤنڈ نجات

ای بک - https ://www .am azon.com/Why-Deliverance-Fails-Declarations-
آل راؤنڈ-ای بک/dp/B0FW74L4G4

پیپر بیک - https ://www .am azon.com/Why-Deliverance-Fails-
اعلانات-آل راؤنڈ/dp/B0FWB3LXRM

محفوظ کیا گیا۔ لیکن کھو گیا۔ - دی غیر شاگرد تبدیل کریں - ترجمہ میں 25 زبان

پیپر بیک https://shop.ingramspark.com/b/084?params=iYNB6S3PLMfREpm0jMM15bMe3BvWlkjcYyLYnHVGAds
Ebook - https ://www .am azon.com/SAVED-BUT-LOST-UNDISIPLED-heartbreak-ebook/dp/B0FVJ29DF7

دن آف روحانی جنگ اور بازیابی - یہ ہے حصہ 7 1
پابند کرنا دی دشمن، واپسی تیر سات گنا، اور بحال کرنا آپ کی قسمت

https://shop.ingramspark.com/b/084?params=8mPzqUl73Ex7uPyeO7ydyt8EGkkB6u2gX1jZvWU8j1C

ای بک لنک - https ://www .am azon.com/DAYS-SPIRITUAL-WARFARE-Recovery-Returning-ebook/dp/B0FMPJM5KZ

7 دن آف روحانی جنگ اور بازیابی - حصہ 2 - سیل کرنا
دی فتح، توڑنا گھریلو شرارت، اور محفوظ کرنا آپ کی بحالی تقدیر

پیپر بیک - https://shop.ingramspark.com/b/
084?params=LkpNmGSsApHhWhiSO7bW3wFmcXQKIO4ZEBeSbP5rL1S
ای بک - https ://www .am azon.com/DAYS-SPIRITUAL-WARFARE-
RECOVERY-Wickedness-ebook/dp/B0FR9YCMY8

ڈومینین: 40 دن کو توڑنا مفت سے اندھیرے کی پوشیدہ گرفت TO سے اندھیرا

ے عالمی عقیدت مند کی آگاہی، نجات اور طاقت - افراد کے لیے، خاندان، اور قومیں تیار کو
ہو مفت

پیپر بیک https://shop.ingramspark.com/b/
084?params=aVgp21QfwJxNANkfMxIQ0yejuFCVY12KFr978SRkZUD
Amazon Link - https ://www .am azon.com/DARKNESS-
DOMINION- Devotional-Awareness-Deliverance-
ebook/dp/B0FLDH2Y67

- **پہنچایا سے دی طاقت کی اندھیرا)پیپر بیک(- خریدیں۔ یہاں [1] | ای بک پر ایمیزون [2]**

- **:اوپر جائزے سے دی متحدہ ریاستیں**
    - **جلانا گاہک** : "دی بہترین عیسائی پڑھیں کبھی"!)5 ستارے(

اس گواہی کے لیے یسوع کی تعریف کریں۔ مجھے بہت برکت ملی ہے اور ہر ایک کی سفارش کروں گا۔ ایک کو پڑھیں یہ کتاب... کے لیے دی اجرت کی گناہ ہے موت لیکن دی تحفہ کی خدا !ابدی زندگی ہے۔ السلام علیکم !السلام علیکم

- بہت دلچسپ اور بلکہ عجیب کتاب۔")5 ستارے(a یہ ہے" : **Gster دا**

اگر کیا ہے کہا میں دی کتاب ہے سچ پھر ہم واقعی ہیں راستہ پیچھے پر کیا دشمن ہے قابل کی کر رہا ہے! ... اے ضروری ہے کے لیے کوئی بھی چاہتے ہیں کو سیکھیں روحانی کے بارے میں جنگ

- **ویزا** : "محبت یہ کتاب")5 ستارے(

---

1. https://shop.ingramspark.com/b/084?params=oeYbAkVTC5ao8PfdVdzwko7wi6IQimg JY2779NaqG4e
2. https ://www .am azon.com/Delivered-Power-Darkness-AFRICAN-DELIVERED-ebook/dp/ B0CC5MM4MV

سچ اعتراف... حال ہی میں میں ہے رہا تلاش کے لیے یہ ہر جگہ کو a ...یہ ہے ایک آنکھ اوپنر خریدیں یہ تو خوش کو حاصل کریں یہ سے ایمیزون۔

- بالکل مختلف")4 ستارے(" : **FrankJM**

، کتاب مجھے یاد دلاتی ہے کہ حقیقی روحانی جنگ کتنی ہے۔ اس کی وجہ بھی ذہن میں آتی ہے ".۔ کے لیے ڈالنا پر دی "مکمل آرمر کی خدا

- **جین جین** : "سب ڈبلیو ایچ او چاہتا ہے کو جاؤ کو جنت - پڑھیں یہ"!)5 ستارے(

یہ کتاب تبدیل میرا زندگی تو بہت ایک ساتھ کے ساتھ جان رامیرز کا گواہی، یہ مرضی بنانا !آپ دیکھو پر آپ کا ایمان مختلف طریقے سے میں نے پڑھیں یہ 6 اوقات

- سابق شیطانی: دی جیمز تبادلہ)پیپر بیک(- خریدیں- یہاں [3] | ای بک پر ایمیزون [4]

3. https://shop.ingramspark.com/b/084?params=I2HNGtbqJRbal8OxU3RMTApQsLLxcUCTC8zUdzDy0W1

4. https ://www .am azon.com/JAMESES-Exchange-Testimony-High-Ranking-Encounters-ebook/dp/B0DJP14JLH

- LUKUNTU **گواہی آف اے این افریقی سابق شیطان** - پادری جوناس

ایم پی اے ایل اے)پیپر بیک(- خریدیں- یہاں [5] | ای بک پر ایمیزون [6]

- عظیم تر کارنامے 14)پیپر بیک(- خریدیں- یہاں [7] | ای بک پر ایمیزون [8]

5. https://shop.ingramspark.com/b/084?params=0Aj9Sze4cYoLM5OqWrD20kgknXQQqO5AZYXcWtoMqWN
6. https ://www .am azon.com/TESTIMONY-African-EX-SATANIST-Pastor-Jonas-ebook/dp/B0DJDLFKNR
7. https://shop.ingramspark.com/b/084?params=772LXinQn9nCWcgq572PDsqPjkTJmpgSqrp88b0qzKb
8. https ://www .am azon.com/Greater-Exploits-MYSTERIOUS-Strategies-Countermeasures-ebook/dp/B0CGHYPZ8V

- باہر کی دی شیطان کا دیگچی کی طرف سے جان رامیریز - دستیاب ہے- پر ایمیزون [9]
- وہ آیا کو سیٹ دی اسیر مفت کی طرف سے ربیکا براؤن - تلاش کریں- پر ایمیزون [10]

دیگر کتابیں شائع کی طرف سے مصنف - ختم 1000 عنوانات پسند کیے گئے، چنے گئے اور پورے :مسترد ہونے سے لے کر 30 دن کا سفر **بحالی** ترجمہ میں 40 زبانیں کی دی دنیا https ://www .am azon.com/Loved-Chosen-Whole-Rejection-Restoration- ebook/dp/B0F9VSD8WL https://shop.ingramspark.com/b/084?params=xga0WR16muFUwCoeMUBHQ6HwYjddLGpugQHb3DVa5hF

9. https ://www .am azon.com/Out-Devils-Cauldron-John-Ramirez/dp/0985604306

10. https ://www .am azon.com/He-Came-Set-Captives-Free/dp/0883683239

Loved, Chosen and Whole
A 30-Day Journey from Rejection to Restoration

:میں اس کا قدم - اے 40 دن ڈبلیو ڈبلیو جے ڈی چیلنج

زندہ پسند یسوع میں حقیقی زندگی کہانیاں ارد گرد دی ورلڈ https ://www .amazon.com/His-Steps-Challenge-Real-Life-Stories-ebook/dp/ B0FCYTL5MC https://shop.ingramspark.com/b/084?params=DuNTWS59IbkvSKtGFbCbEFdv3Zg0FaITUEvlK49yLzB

:دروازہ The یسوع اے ٹی

دل دہلا دینے والا کہانیاں اور جنت کا فائنل وارننگ کو آج کے گرجا گھروں 40

https ://www .am azon.com/dp/B0FDX31L9F

https://shop.ingramspark.com/b/
084?params=TpdA5j8WPvw83glJ12N1B3nf8LQte2a1lIEy32bHcGg

عہد زندگی: 40 دن کی چلنا میں دی برکت کی استثنا 28
- https ://www .am azon.com/dp/B0FFJCLDB5
کہانیاں سے اصلی لوگ، اصلی اطاعت، اور اصلی
https://shop.ingramspark.com/b/084?params=bH3pzfz1zdCOLpbs7tZYJNYgGcYf U32VMz3J3a4e2Qt

تبدیلی میں ختم 20 زبانیں

جاننا اس کی اور جاننا اسے:

دن کو مندمل ہونا، سمجھنا، اور دیرپا محبت 40

https ://www .am azon.com/KNOWING-HER-HIM-Healing-Understanding-ebook/dp/B0FGC4V3D9

https://shop.ingramspark.com/b/084?params=vC6KCLoI7Nnum24BVmBtSme9i6k59p3oynaZOY4B9Rd

مکمل، نہیں مقابلہ کریں:

اے 40 دن سفر کو مقصد، اتحاد، اور تعاون

https://shop.ingramspark.com/b/084?params=5E4v1tHgeTqOOuEtfTYUzZDzLyXLee30cqYo0Ov9941
https ://www .am azon.com/COMPLETE-NOT-COMPETE-Journey- collaboration-ebook/dp/B0FGGL1XSQ/

الہی صحت کوڈ - 40 روزانہ چابیاں کو چالو کریں۔ مندمل ہونا خدا کے ذریعے کلام اور تخلیق
غیر مقفل کریں۔ دی مندمل ہونا طاقت کی پودے، دعا، اور پیغمبرانہ ایکشن

https://shop.ingramspark.com/b/
084?params=xkZMrYcEHnrJDhe1wuHHYixZDViiArCeJ6PbNMTbTux
https ://www .am azon.com/dp/B0FHJT42TK

دیگر کتابیں کر سکتے ہیں ہونا پایا پر مصنف صفحہ https ://www .am
azon.com/ stores/Ambassador-Monday-O.-
Ogbe/author/B07MSBPFNX

www.ingramcontent.com/pod-product-compliance
Lightning Source LLC
LaVergne TN
LVHW040424051026
849517LV00002B/452
9798295591686